THE TREASURE PRINCIPLE

천국 보화의 원리

랜디 알콘 지음
유정희 옮김

하나님이 주신 재물, 어떻게 관리할 것인가?

| 재물에 관한 청지기 정신 |

생명의말씀사

The Treasure Principle
by Randy Alcorn

Copyright ⓒ 2001 by Eternal Perspective Ministries
Originally published in English under the title *The Treasure Principle*
by Multnomah Publishers, Inc., Colorado Springs, CO, USA.

All non-English rights are contracted through Gospel Literature International.
All rights reserved.

Korean Edition published by Word of Life Press, Seoul 2002, 2010
Translated and published by permission.
Printed in Korea.

천국 보화의 원리

구제목 : 부자 그리스도인

ⓒ 생명의말씀사 2002, 2010

2002년 6월 25일 1판 1쇄 발행
2003년 1월 25일   3쇄 발행
2010년 1월 10일 2판 1쇄 발행
2024년 6월 7일   5쇄 발행

펴낸이 | 김창영
펴낸곳 | 생명의말씀사

등록 | 1962. 1. 10. No.300-1962-1
주소 | 서울시 종로구 경희궁1길 6 (03176)
전화 | 02)738-6555(본사) · 02)3159-7979(영업)
팩스 | 02)739-3824(본사) · 080-022-8585(영업)

기획편집 | 김정옥, 이은정
디자인 | 박소정, 박인선
인쇄 | 영진문원
제본 | 보경문화사

ISBN 978-89-04-15877-5 (03230)

저작권자의 허락없이 이 책의 일부 또는 전체를
무단 복제, 전재, 발췌하면 저작권법에 의해 처벌을 받습니다.

들어가는 글

　　당신은 일생동안 보화를 찾아다녔습니다. 완전한 사람과 완전한 장소를 추구했습니다. 예수님이 바로 완전한 사람입니다. 그리고 천국이 바로 완전한 장소입니다. 당신이 그리스도인이라면, 이미 그분을 만났으며 이미 그곳을 향해 가고 있는 것입니다.

　그러나 문제가 있습니다. 당신은 아직 그분과 함께 살고 있지 않으며, 아직 그곳에 살고 있지 않다는 것입니다.

　당신은 매주 교회에 참석하고, 기도하고, 또 성경을 읽을

지도 모릅니다. 그러나 삶은 여전히 무미건조할 수 있습니다. 그렇지 않습니까? 당신은 여전히 당신이 발견하지 못한 기쁨, 당신이 모르는 보화를 갈망하며, 뜨겁고 메마른 땅을 조심스레 걸어갑니다.

예수님은 그와 관련된 이야기를 하셨습니다. 밭에 감추어진 보화가 있는데, 그 보화를 발견하면 삶을 변화시키는 큰 기쁨을 얻는다는 이야기입니다.

그러나 여기서 더 나아가기 전에 말해 두고 싶은 것이 있습니다. 어떤 책들은 죄책감에서 물질을 나누어 주도록 동기를 부여하는 데 목적을 둡니다. 그러나 이 책은 그런 책이 아닙니다.

이 책은 다른 것에 대해 말하고 있습니다. 그것은 곧 나누는 기쁨입니다. 천국 보화의 원리는 오랫동안 땅에 묻혀 있었습니다. 이제는 그것을 파내야 합니다. 그것은 간단하면서도 심오한 사상입니다. 아주 근본적인 의미를 담고 있지요. 당신이 그것을 이해하고 실천하면, 모든 것이 달라 보일 것입니다. 당신은 틀림없이 변화될 것입니다.

천국 보화의 원리에 담긴 은밀한 기쁨을 발견하고 나면, 결코 다른 것으로는 만족할 수 없을 것입니다.

들어가는 글 3

01
땅 속에 묻힌 보물 9
돈 ㅣ 현명한가, 어리석은가 ㅣ 보화에 대한 의식 ㅣ 천국 보화의 원리

02
넘치는 기쁨 29
기쁘게 드림 ㅣ 천둥, 번개, 은혜 ㅣ 헌금의 유익

천국 보화 원리 1
모든 것은 하나님의 것이다. 나는 하나님의 돈을 관리하는 사람이다.

03
멀리 바라보라 51
영원한 상급 ㅣ 마음이 있는 곳

천국 보화 원리 2
내 마음은 항상 내가 하나님의 돈을 쌓아 둔 곳으로 향한다.

04
헌금은 하고 싶은데…… 66

땅의 보물의 종착점 | 소유물에 대한 망상 | 물질의 횡포 | 바람을 잡는 것 | 빈민가의 진흙 파이

천국 보화 원리 3
땅이 아니라 하늘이 내 집이다.

천국 보화 원리 4
점을 위해 살지 않고 선을 위해 살아야 한다.

05
자, 시작!!! 88

보조 바퀴 | 풍성한 헌금 | 지금? 아니면, 나중에? | 자녀에게 남길 유산 | 하나님 왜 제게? | 하나님의 인세

천국 보화 원리 5
헌금은 물질주의에 대한 유일한 해독제이다.

06
바로 이 때를 위하여 116

죽은 지 5분 후 | 구제의 은사 | 이것이 운명! | 하나님의 인도! | 헌금 서약 | 가장 큰 기쁨

천국 보화 원리 6
하나님께서 나를 번영케 하시는 것은 내 생활 수준을 끌어올리기 위해서가 아니라 헌금의 수준을 끌어올리기 위해서이다.

✶
"천국은 마치 밭에 감추인 보화와 같으니
사람이 이를 발견한 후 숨겨 두고
기뻐하며 돌아가서 자기의 소유를
다 팔아 그 밭을 사느니라"

마 13:44

땅 속에 묻힌 보물

절대 잃어서는 안 되는 것을 얻기 위해 자기가 계속 가지고 있을 수 없는 것을 내어주는 자는 결코 어리석은 사람이 아니다. _ 짐 엘리어트

1세기의 어느 뜨거운 오후, 한 히브리인이 지팡이에 의지하여 걸어가고 있습니다. 구부정한 어깨에 신발에는 먼지가 가득하고 옷은 땀으로 흠뻑 젖어 있습니다. 그러나 그는 쉬었다 가지 않습니다. 매우 급한 볼일이 있기 때문입니다.

그는 지름길로 가려고 방향을 바꾸어 밭을 통과합니다. 밭 주인은 신경 쓰지 않습니다. 여행자에게 그 정도 호의는 베풀어주는 게 관행이었으니까요. 밭은 고르지 않습니다. 그는 중심을 잃지 않으려고 지팡이를 짚으며 간신히 걸어갑니다. 진흙 속에 지팡이가 푹푹 빠집니다.

그런데 갑자기 지팡이 끝에 뭔가 딱딱한 것이 걸립니다.

그는 가던 길을 멈추고, 이마의 땀을 닦으며 다시 한번 그곳을 지팡이로 짚어 봅니다.

밑에 무언가가 있습니다. 돌은 아닙니다.

지친 나그네는 꾸물거려서는 안 된다고 스스로 다짐해 봅니다. 그러나 호기심 때문에 그냥 지나칠 수가 없습니다. 그는 땅을 다시 쿡 찔러 봅니다. 무언가가 햇빛에 반사되어 반짝거립니다. 무릎을 꿇고 앉아 땅을 파기 시작합니다.

드디어 금테를 두른 상자가 나옵니다. 그냥 보기에도 그것은 몇 십 년 동안 그곳에 있었던 것 같습니다. 가슴이 두근거립니다. 녹슨 자물쇠를 열고 뚜껑을 엽니다.

✳ 금화! 갖가지 색의 보석들!

상상도 해본 적이 없는 값진 보물입니다.

손이 덜덜 떨립니다. 나그네는 금화를 자세히 들여다봅니다. 70년 전 로마에서 발행된 것입니다. 어떤 부자가 그 상자를 땅에 묻어 두었다가 갑자기 죽은 것이 틀림없습니다. 그 보화도 그와 함께 묻혀 버린 것이지요. 근처에는 농

가도 없습니다. 현재 땅 주인은 보물이 여기에 있다는 것을 전혀 모르는 것이 분명합니다.

나그네는 뚜껑을 덮고 상자를 땅에 묻습니다. 그리고 그 자리에 표시를 해둡니다. 그는 돌아서서 집으로 옵니다. 이제는 힘없는 걸음으로 터벅터벅 걷지 않습니다. 크게 웃으며, 어린아이처럼 껑충껑충 뛰어갑니다.

'그런 보물을 발견하다니! 믿을 수 없어! 얼른 그 보물을 손에 넣어야 해! 하지만 그냥은 가질 수 없어. 그러면 훔치는 것이 될 테니까. 누구든지 땅 주인이 되면 그 땅 속에 있는 것도 그의 것이 되지. 하지만 어떻게 그 땅을 살까? 내 농장이랑 수확물이랑 모든 연장들이랑 아끼는 소들까지 모두 팔아야겠다. 그래, 그걸 다 팔면 밭을 살 수 있을 거야!'

보물을 발견한 순간부터 나그네의 인생은 달라집니다. 그는 보물에 완전히 사로잡혀, 보물에 대한 꿈만 꿉니다. 그것이 그의 판단 기준이 되며, 새로운 삶의 중심이 됩니다. 나그네는 매순간 이 보물을 생각하며 걷습니다. 그는 획기적인 변화를 경험합니다.

이 이야기는 예수님께서 단 한 구절로 말씀하신 것입니다.

"천국은 마치 밭에 감추인 보화와 같으니 사람이 이를 발견한 후 숨겨 두고 기뻐하며 돌아가서 자기의 소유를 다 팔아 그 밭을 사느니라" 마 13:44.

돈

감추인 보화의 예화는 돈과 소유물에 관한 예수님의 말씀 가운데 하나입니다. 사실 그리스도가 말씀하신 것의 15%가 이 주제와 관련이 있습니다. 이것은 천국과 지옥에 대한 가르침을 합한 것보다 더 많습니다.

왜 예수님은 그처럼 돈과 소유물에 강조점을 두셨을까요?

그것은 우리가 돈에 대해 어떻게 생각하고 어떻게 대하느냐 하는 것과 우리의 영적인 삶이 근본적으로 연결되어 있기 때문입니다. 우리는 믿음과 돈을 분리시키려 할지 모릅니다. 그러나 하나님은 그 둘을 뗄 수 없는 것으로 보십니다.

수년 전에 나는 비행기에서 누가복음 3장을 읽는 중에 이것을 깨달았습니다. 세례 요한이 전하는 말을 듣고 세례를 받으려고 온 사람들에게 설교하고 있습니다. 서로 다른 세 부류의 사람들이 회개의 열매를 맺으려면 무엇을 해야 하는지 묻습니다.

1. 모든 사람은 가난한 자들에게 옷과 먹을 것을 나누어 주어야 한다11절.
2. 세리들은 부과된 것 외에는 거두지 말아야 한다13절.
3. 군병들은 자신의 수입에 만족하고 돈을 강제로 탈취하지 말아야 한다14절.

세 가지 대답이 모두 돈이나 소유물과 관계가 있습니다. 그러나 아무도 요한에게 그것에 관해 묻지 않았습니다! 그들은 영적 변화의 열매를 나타내려면 무엇을 해야 하는지를 물었습니다. 그런데 왜 요한은 다른 것들에 관해서 이야기한 것일까요?

비행기 안에서 나는 우리의 돈과 소유물에 대한 접근이

그냥 중요한 것이 아니라 우리의 영적 생활의 중심이 된다는 것을 깨달았습니다. 그것은 하나님께서 매우 중요하게 생각하시는 것입니다. 그래서 세례 요한은 돈과 소유물을 다루는 방법에 대해 말하지 않고는 영적인 것을 이야기할 수 없었던 것입니다.

다른 구절에도 똑같은 내용이 있습니다. 삭개오가 예수님께 말했습니다. "주여 보시옵소서 내 소유의 절반을 가난한 자들에게 주겠사오며 만일 누구의 것을 속여 빼앗은 일이 있으면 네 갑절이나 갚겠나이다"눅 19:8.

예수님은 뭐라고 대답하셨습니까? "오늘 구원이 이 집에 이르렀으니"9절. 돈에 대한 삭개오의 달라진 태도는 그의 마음이 변화되었음을 입증해 주었습니다.

이 밖에도 자신의 소유를 다 팔아 가난한 사람들에게 주고자 했던 예루살렘의 회심자들이 있었습니다행 2:45, 4:32-35. 또한 에베소의 마술사들은 은 오만이나 되는 마술책들을 불사름으로써 자신들의 회심이 진실하다는 것을 입증해 보였습니다행 19:19.

가난한 과부는 동전 두 개를 드림으로 성경에 기록됩니

다. 예수님은 그녀를 칭찬하셨습니다. "이 과부는 그 가난한 중에서 자기의 모든 소유 곧 생활비 전부를 넣었느니라"막 12:44.

이와 대조적으로, 예수님은 모든 재산을 자신을 위해 사용한 부자에 대해 말씀하셨습니다. 그는 곳간을 헐고 더 크게 지어 자신을 위해 모든 재산을 쌓아 두려고 계획했습니다. 일찍 은퇴하여 편안히 쉬며 먹고 마시기 위해서였습니다.

그러나 하나님은 그를 어리석은 자라 부르시며 이렇게 말씀하셨습니다. "오늘밤에 네 영혼을 도로 찾으리니 그러면 네 준비한 것이 누구의 것이 되겠느냐"눅 12:20.

그 사람에 대한 가장 큰 비난이자 그의 영적 상태를 입증해 주는 말은 바로 그가 자기를 위하여 재물을 쌓아 두고 하나님께 대하여 부요치 못한 자라는 것입니다.

한 부자 청년이 예수님께 영생을 얻는 방법을 알려 달라고 했습니다. 예수님은 말씀하셨습니다. "가서 네 소유를 팔아 가난한 자들에게 주라 그리하면 하늘에서 보화가 네게 있으리라 그리고 와서 나를 따르라"마 19:21. 그는 세상의 보화에 사로잡혀 있었습니다. 하지만 예수님은 그에게 더 높은 것을 요구하셨습니다. 그것은 바로 하늘의 보화입니다.

예수님은 돈과 소유물이 인간의 우상임을 아셨습니다. 그분은 인간이 돈의 우상을 몰아내지 않는 한 하나님을 섬기지 못한다는 것을 아셨습니다. 그러나 청년은 그 대가가 너무 크다고 생각했습니다. 안타깝게도 그는 진정한 보화를 두고 가 버렸습니다.

현명한가, 어리석은가

부자 청년은 더 큰 보물을 위해 모든 것을 포기하려 하지 않았지만, 밭에서 보화를 발견한 나그네는 기꺼이 그렇게 했습니다. 왜 그랬을까요? 나그네는 그 가치를 알았기 때문입니다.

그 나그네가 불쌍하다는 생각이 듭니까? 결국 그는 보화를 발견한 대가로 자기가 가진 모든 것을 내어주었습니다. 그러나 우리는 이 사람을 불쌍하다고 여기지 않습니다. 오히려 부러워하지요! 그가 받은 보상에 비하면 잃어버린 것은 아무것도 아닙니다. 손해와 이득의 비율을 따져 보십시오. 이득이 손해보다 훨씬 큽니다.

나그네는 장기간의 보상을 얻기 위해 단기간의 희생을 감수했습니다. 그는 자기가 가진 모든 것을 팔아야 했습니다. 당신은 이것을 안타까워할지도 모릅니다. 그러나 그는 정말 중요한 모든 것을 얻었습니다.

만일 우리가 '기뻐하며'라는 말을 놓친다면 모든 것을 놓치는 것입니다. 그는 의무감에서 억지로가 아니라 매우 들뜨고 기쁜 마음에서 적은 보화를 내주고 더 큰 보화를 얻었습니다. 그렇게 하지 않았다면 그는 바보였을 것입니다.

밭에 감추인 보화에 대한 예수님의 이야기는 천국 보화에 관한 구체적인 실례입니다. 세상의 재물이 아무리 가치 있다 해도 그 가치는 영원하지 않습니다. 그런데 사람들은 바로 그 보화를 추구하느라 삶을 허비하고 있습니다. 예수님은 우리가 귀하게 여겨야 하는 것, 즉 영원한 하늘의 보화를 말하기 위해 우리가 귀하게 여기는 것, 즉 일시적인 세상의 보화에 대해 항변하고 계십니다.

다윗은 이렇게 말했습니다. "사람이 많은 탈취물을 얻은 것처럼 나는 주의 말씀을 즐거워하나이다"시 119:162. 하나님의 약속은 영원한 보화이며, 그것을 발견하면 큰 기쁨을 얻습니다.

마태복음 6장에서 예수님은 내가 '천국 보화의 원리'라고 부르는 것의 근원을 밝히 드러내십니다. 그것은 흔히 가장 소홀히 여겨지는 예수님의 가르침 중 하나입니다.

"너희를 위하여 보물을 땅에 쌓아 두지 말라 거기는 좀과 동록이 해하며 도둑이 구멍을 뚫고 도둑질하느니라 오직 너희를 위하여 보물을 하늘에 쌓아 두라 거기는 좀이나 동록이 해하지 못하며 도둑이 구멍을 뚫지도 못하고 도둑질도 못하느니라 네 보물 있는 그 곳에는 네 마음도 있느니라" 마 6:19-21.

예수님의 말씀을 잘 생각해 봅시다. "너희를 위하여 보물을 땅에 쌓아 두지 말라." 왜 그렇습니까? 땅의 보물이 나쁜 것이기 때문인가요? 그렇지 않습니다. 그것은 영원하지 않기 때문입니다.

성경은 "네가 어찌 허무한 것에 주목하겠느냐 정녕히 재물은 스스로 날개를 내어 하늘을 나는 독수리처럼 날아가리라"잠 23:5고 말합니다. 그 광경을 상상해 보십시오. 그러고 나서 당신이 귀한 물건을 샀는데 그것이 날개를 내어 하늘로 날아간다고 상상해 보십시오. 조만간 그것은 사라지고 말 것입니다.

예수님이 땅에 보물을 쌓아 두지 말라고 권고하신 것은 재물을 잃을지도 모르기 때문이 아니라 언제나 재물을 잃게 되어 있기 때문입니다. 우리가 사는 동안 재물이 우리를 떠나든지, 아니면 우리가 죽으면 재물을 떠나게 됩니다. 예외는 없습니다.

당신이 남북전쟁 말기에 살고 있다고 상상해 보십시오. 당신은 북부 사람이나 지금은 남부에 살고 있습니다. 전쟁이 끝나는 즉시 이사를 할 생각입니다. 남부에 있는 동안 당신은 남부 동맹의 통화를 많이 모아 두었습니다. 그런데 지금 북부가 승리하여 전쟁이 곧 끝난다는 것을 알게 되었다고 가정해 봅시다. 당신은 남부 동맹의 돈을 어떻게 하겠습니까?

당신이 현명하다면, 방법은 오직 한 가지입니다. 당신은 즉시 남부 동맹 통화를 미국 통화로 바꾸어야 합니다. 전쟁이 끝나는 즉시 가치가 있을 돈으로 바꾸는 것입니다. 남부 동맹 통화는 단기간에 필요한 만큼만 가지고 있으면 됩니다.

그리스도인으로서 당신은 그리스도의 재림으로 인해 야기될 전세계적인 격변에 대해 알고 있을 것입니다. 그리스도가 오시거나 당신이 죽거나, 둘 중 어떤 일이 먼저 일어나든지 그때가 되면 이 땅의 통화는 아무 가치가 없어질 것입니다. (그리고 이 두 사건은 어느 때나 일어날 수 있습니다.)

주식 시장 타이머로 알려진 투자 전문가들은 주식 시장이 곧 하락할 거라는 신호를 읽으면 즉시 자금을 좀더 믿을 만한 수단, 이를테면 금융 시장이나 재무성 증권, 예금 등으로 옮길 것을 권합니다.

예수님은 으뜸가는 시장 타이머이십니다. 그분은 단호하게 투자 수단을 바꾸라고 말씀하십니다. 우리의 자금을

땅−불안정하고 곧 영원히 사라질 것−에서, **하늘**−전적으로 믿을 수 있으며 하나님 자신이 보증하시고, 곧 영원히 땅의 경제를 대신하게 될 것−로 옮기라고 가르치십니다. 세상의 경제에 대한 그리스도의 전망은 암담합니다. 그러나 하늘나라에 투자하는 것에 대해서는 아무 거리낌없이 낙관적인 자세를 취합니다. 거기서는 모든 시장 지표가 언제나 낙관적입니다!

당신이 남부 동맹의 돈의 한계를 알고 있는 한, 그 돈 자체에는 아무 잘못이 없습니다. 그 가치가 일시적임을 깨달았다면 당신의 투자 전략을 근본적으로 바꾸어야 합니다. 당신이 오랫동안 가지고 있을 수 없는 땅의 보물을 많이 쌓아 두는 것은, 곧 가치가 없어질 것을 알면서도 남부 동맹의 돈을 비축하는 것과 같습니다.

예수님의 말씀에 의하면, 땅에 보물을 쌓아 두는 것은 단순히 잘못된 일이 아니라, 그것은 분명히 어리석은 짓입니다.

보화에 대한 의식

예수님은 단지 우리의 보물을 두지 말아야 할 곳만 말씀하시는 것이 아니라, 우리의 최고의 투자처에 대해 조언하십니다. "오직 너희를 위하여 보물을 하늘에 쌓아 두라"마 6:20.

섣불리 판단하면, 그리스도께서는 우리 자신을 위해 보물을 쌓아 두는 것을 반대하신다고 생각할 수 있습니다. 하지만 그렇지 않습니다. 주님은 그것을 찬성하십니다! 그분은 그것을 권장하십니다. 예수님은 보화에 대한 의식을 가지고 계십니다. 그분은 우리가 보화를 쌓아 두기를 원하십니다. 다만 그 보화를 잘못된 곳에 쌓아 두지 말고 올바른 곳에 쌓아 두라고 말씀하시는 것입니다!

'너희를 위하여 쌓아 두라.' 예수님이 우리에게 가장 유익한 일을 하라고 명령하시는 것이 이상해 보이지 않습니까? 그것은 이기적인 것이 아닙니까? 그렇지 않습니다. 하나님은 우리가 새롭게 깨달은 자기 유익을 위해 행동할 것을 기대하시며 또한 명령하십니다. 하나님은 우리가 하나님의 영광을 위해 살기를 원하시지만, 하나님의 영광을 위하는 것은 언제나 우리의 유익을 위하는 것입니다.

존 파이퍼는 이렇게 말합니다. "우리가 하나님으로 인해 만족할 때 하나님은 우리 안에서 가장 영화롭게 되십니다."

다른 사람을 희생시키면서 이득을 추구하는 것은 이기적입니다. 그러나 하나님이 나누어 주시는 보물에는 제한이 없습니다. 당신이 자신을 위해 보물을 하늘에 쌓아 둔다고 해서 다른 사람들이 사용할 수 있는 보물이 줄어드는 것은 아닙니다. 사실, 우리는 하나님을 섬기고 다른 사람들을 섬김으로써 하늘에 보물을 쌓아 둡니다. 모든 사람이 이익을 얻고, 아무도 손해를 보지 않습니다.

예수님은 훗날로 연기된 만족에 대해 말씀하고 계십니다. 밭에서 보물을 발견한 사람은 지금 자기가 가진 모든 것을 팔아 비싼 값을 지불합니다. 그러나 곧 그는 믿어지지 않을 만큼의 보물을 얻을 것입니다. 그의 눈이 그 보물을 향해 있는 한, 잠깐의 희생은 기쁘게 감수합니다. 기쁨은 현재적인 것입니다. 그러므로 만족은 전적으로 연기되는 것이 아닙니다. 현재의 기쁨은 미래의 기쁨을 기대하는 데서 옵니다.

이 '하늘의 보화'는 무엇입니까? 바로 권세눅 19:15-19, 소유물마 19:21, 기쁨시 16:11입니다. 예수님은 세상에서 희생하는 사람들이 하늘에서 '여러 배'를 받게 될 것을 약속하십니다마 19:29. 그것은 10,000%입니다. 참으로 엄청난 보수입니다!

물론 예수님이 우리의 궁극적인 보물입니다. 예수님과 예수님을 아는 기쁨에 비하면 다른 모든 것은 무색합니다 빌 3:7-11. 예수님이 우리의 첫 번째 보물입니다. 천국이 우리의 두 번째 보물입니다. 그리고 소유물과 영원한 보상이 우리의 세 번째 보물입니다. (당신은 누구를 위해 살고 있습니까? 어디를 위해 살고 있습니까? 어떤 소유물을 위해 살고 있습니까?)

'너희 자신을 위해 보물을 하늘에 쌓아 두라.' 왜 그렇습니까? 그것이 옳기 때문입니까? 단지 그 때문만이 아니라, 그것이 현명하기 때문입니다. 하늘의 보물은 영원히 지속될 것이기 때문입니다. 예수님은 최종 결과를 가지고 말씀하십니다. 그것은 결코 감정적인 호소가 아닙니다. 아주 논

리적입니다. 즉 지속적인 가치가 있는 것에 투자하는 것입니다.

당신은 결코 온갖 재물이 가득 실린 화물차를 끌고 가는 영구차를 보지 못할 것입니다. 왜냐하면 이 세상 재물은 가지고 갈 수 없기 때문입니다.

"사람이 치부하여 그의 집의 영광이 더할 때에 너는 두려워하지 말지어다 그가 죽으매 가져가는 것이 없고 그의 영광이 그를 따라 내려가지 못함이로다" 시 49:16-17.

존 록펠러는 세상에서 가장 큰 부자 중 한 사람이었습니다. 그가 죽은 후에 어떤 사람이 그의 회계사에게 물었습니다.

"존이 돈을 얼마나 남겨 두고 갔습니까?"

대답은 뻔했습니다.

"그는 재산 전부를 두고 갔습니다."

당신은 그것을 가져갈 수 없습니다.

이 점을 분명히 이해했다면, 이제 천국 보화의 원리의 비밀에 대해 들을 준비가 된 것입니다.

천국 보화의 원리

예수님은 '당신이 그것을 가져갈 수 없다.'는 심오한 진리와 더불어 매우 놀라운 조건을 덧붙이십니다. 우리 자신을 위해 보물을 하늘에 쌓아 두라고 말씀하심으로써 주님은 우리에게 깜짝 놀랄 만한 결론을 제시하십니다. 그것이 바로 천국 보화의 원리입니다.

당신은 그것을 가져갈 수 없습니다.

그러나 그것을 미리 보낼 수는 있습니다.

아주 간단합니다. 만일 이 사실이 놀랍지 않다면, 아직 당신은 제대로 이해하지 못한 것입니다! 무엇이든지 이 세상에서 붙잡으려고 하는 것은 잃어버리게 될 것입니다. 그러나 무엇이든지 하나님의 손에 맡기면 영원히 우리의 것이 될 것입니다(실제로 연방예금보험공사에 100,000달러를 맡기는 것보다 하나님 아버지의 예금보험공사에 맡기는 것이 훨씬 더 안전합니다).

우리가 움켜쥐고 있는 대신 나누어 주며, 일시적인 것에 투자하지 않고 영원한 것에 투자한다면, 하늘나라에 보물을 쌓아 두는 것입니다. 땅에는 어떤 보물을 쌓아 두어도 우리가 떠날 때는 남겨 두고 가야 합니다. 반면에 하늘에는 어떤 보물을 쌓아 두든지 그곳에서 우리를 기다리고 있을 것입니다.

재무 설계자들은 말합니다. "돈이 생기면, 단지 3개월 혹은 3년 후만 생각할 것이 아니라 30년 후를 내다보아야 합니다."

최고의 투자 상담가이신 그리스도는 더 나아가 이렇게 말씀합니다. "단지 30년 후에 너의 투자가 얼마나 이득을 가져올 것인가를 묻지 말라. 3000만 년 후에 그것이 얼마나 유익을 가져다 줄 것인가를 물어라."

내가 오늘 당신에게 1,000달러를 주면서 마음대로 쓰라 한다고 가정해 봅시다. 그것은 나쁘지 않은 제안입니다. 그러나 내가 당신에게 선택 사항을 제시한다고 합시다. 즉 당신은 오늘 1,000달러를 가질 수도 있고, 아니면 5년 후에 1,000만 달러를 가질 수도 있습니다. 아주 어리석은 사람만이 오늘 1,000달러를 가지겠다고 할 것입니다. 그러나 우리가 잠깐 동안 지속될 어떤 것을 움켜쥐려고만 하고, 나중에 훨씬 더 오랫동안 누릴 수 있고 훨씬 더 가치 있는 어떤 것을 내팽개칠 때마다, 바로 이런 일을 하고 있는 것입니다.

하나님이 이 세상에서 우리에게 맡기신 돈은 영원한 투자 자본입니다. 하루하루는 하나님 나라의 주식을 더 많이 살 수 있는 기회입니다.

당신은 그것을 가져갈 수 없습니다. 그러나 미리 보낼 수는 있습니다.

이것은 혁명적인 개념입니다. 이를 터득하고 받아들이기만 하면, 틀림없이 당신의 삶은 변화될 것입니다. 하늘에 보물을 쌓아 둘 때, 밭에 감춰진 보물에서 발견한 것을 영원히 얻게 될 것입니다.

바로 기쁨입니다.

넘치는 기쁨

> 나 자신을 위한 소비를 줄이고 다른 사람에게 더 많이 나누어 줄수록 내 영혼은 행복과 기쁨으로 충만해졌다. _ 허드슨 테일러

1990년, 나는 큰 교회의 목사로서 사례금도 많이 받았고 인세도 받았습니다. 나는 그 교회가 세워진 이후로 13년 동안 목회를 해왔습니다. 다른 일은 하고 싶지도 않았습니다.

그런데 우리 가족의 삶을 엉망으로 만들어 놓은 일이 일어났습니다. 당시 나는 미혼모 센터의 임원이었습니다. 그리고 우리 집을 십대 미혼모들에게 개방하여, 아기 입양을 도와주었습니다. 우리는 그들이 그리스도께로 돌아오는 것을 보며 기뻐했습니다.

점차 나는 아직 태어나지 않은 아이들에 대해 더 큰 부담을 느끼게 되었습니다. 성경을 상고하고 많이 기도한 후에, 나는 낙태 병원에 대한 비폭력 반대 운동에 참여하기 시작했습니다. 이것 때문에 나는 체포되어 감옥에까지 갔습니다. 낙태 병원이 재판에서 우리를 이겼습니다. 나는 판사에게 내가 마땅히 지불해야 할 돈을 지불하겠으나, 그 돈을 아기들을 죽이는 데 사용할 사람들에게 주지는 못하겠다고 했습니다.

그러고 나서 우리 교회는 법원의 통고를 받았습니다. 매달 내 사례금의 1/4을 낙태 병원에 주라는 내용이었습니다. 교회는 낙태 병원에 돈을 지불하든지 아니면 법원의 명령을 무시하든지 둘 중 하나를 택해야 했습니다. 이 일이 일어나는 것을 막기 위해 나는 사임했습니다.

나는 이미 인세도 포기한 상태였습니다. 법원의 통고를 피하기 위해서는 최저 임금으로 간신히 살아가는 길밖에 없었습니다. 다행히도 우리 가족은 내가 교회에서 받던 사례금의 일부만으로 살아왔습니다. 나머지는 궁극적인 하늘의 집에 투자해 왔습니다. 그래서 빚이 없었습니다.

그런데 다른 낙태 병원과 관련하여 또 다른 재판이 뒤따

랐습니다. 우리의 행동은 비폭력적이었지만, 그 병원은 다른 평화적인 저항단체들과의 재판에서보다 더 관대한 판결을 받았습니다. 손해 배상금은 840만 달러였습니다. 이때 우리는 집을 잃는 줄 알았습니다. 겉으로 보기에, 그리고 세상의 관점에서 볼 때는 우리 삶이 파괴적인 전환점을 맞은 것이 틀림없었습니다. 과연 그렇습니까?

그렇지 않습니다. 그 재판은 우리에게 축복이었습니다.

다른 사람들이 악한 일에 쓰려고 만들어낸 것도 하나님께서는 좋은 일에 사용하십니다창 50:20. 우리는 새로운 사역을 시작했습니다. 나의 아내 낸시가 비서로 일하면서 나의 최저 임금을 보충해 주었습니다. 집을 포함해서 우리의 모든 재산은 아내의 명의로 되어 있었습니다. 은행 예금구좌나 수표장에 내 이름은 없었습니다. 합법적으로 나는 빚이 하나도 없었습니다. (지금도 마찬가지입니다.) 하나님이 "온 천하에 있는 것이 다 내 것이니라"욥 41:11고 말씀하신 뜻이 이해가 되기 시작했습니다.

하나님이 그분의 소유권에 대해 가르쳐 주신 것이 그때가 처음은 아니었습니다. 여러 해 전에, 나는 새 카세트 라디오를 우리 교회 고등부에 빌려준 적이 있었습니다. 그런데 그것이 헌것이 되어서 돌아오자 솔직히 나는 화가 났습니다. 하지만 주님께서 그것이 내 카세트 라디오가 아닌 것을 생각나게 하시면서 나를 책망하셨습니다. 그것은 주님의 것이었습니다. 그리고 그것은 젊은이들에게 다가가는 데 유익하게 사용되었습니다. 내가 누구인데 하나님의 것에 대해 불평하겠습니까?

그 당시에 내가 가장 소중히 여기던 소유물은 책이었습니다. 나는 많은 양서들을 사는 데 돈을 썼습니다. 그 책들은 나에게 정말 귀중한 것이었습니다. 그래서 그 책들을 빌려주고 나서 돌려받지 못하거나 지저분해져서 돌아오면 기분이 언짢았습니다.

그때 나는 하나님의 인도하심을 깨닫고 그 책들을 모두 양도하여 교회 도서관을 열었습니다. 나는 그 책들을 대출한 사람들의 이름을 살펴보기 시작했습니다. 한 권의 책에 수십 명의 이름이 적혀 있을 때도 있었습니다. 나는 그 책들을 양도함으로써 다른 사람들의 삶에 투자를 했다는 것을 깨달았습니다. 그러자 책이 낡을수록 기쁨은 더 커졌습니다. 나의 관점이 완전히 변화된 것입니다.

다시 1990년대 초기로 돌아가 보면, 하나님께서는 그 재판들을 통해 하나님의 소유권에 대한 나의 이해를 새로운 차원으로 끌어올리셨습니다.

- "땅과 거기에 충만한 것과 세계와 그 가운데에 사는 자들은 다 여호와의 것이로다" 시 24:1.
- "은도 내 것이요 금도 내 것이니라 만군의 여호와의 말이니라" 학 2:8.
- "네 하나님 여호와를 기억하라 그가 네게 재물 얻을 능력을 주셨음이라" 신 8:18.
- "너희는 너희 자신의 것이 아니라 값으로 산 것이 되었으니" 고전 6:19-20.

하나님은 천국 보화의 원리를 이해하기 위한 6가지 요소 중 첫 번째를 가르쳐 주셨습니다.

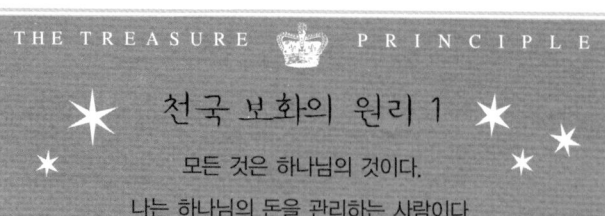

천국 보화의 원리 1
모든 것은 하나님의 것이다.
나는 하나님의 돈을 관리하는 사람이다.

예나 지금이나 책, 카세트 라디오를 비롯한 내 모든 것의 소유주는 하나님이십니다. 나 자신도 하나님의 것입니다. 하나님은 그분의 소유권을 폐지하지 않으셨고, 모든 재물에 대한 권리를 결코 포기하지 않으셨습니다. 하나님은 세상을 나나 다른 누구에게 맡기고 죽으신 것이 아닙니다.

나는 『돈, 소유, 영원한 세계 Money, Possessions, and Eternity』에서 하나님의 소유권에 대해 광범위하게 다루었습니다. 그런데 그 책이 출판된 지 1년 만에 나는 더 이상 아무것도 소유하지 않게 되었습니다. 하나님은 역경이라는 가혹한 시련을 통해 삶을 변화시키는 진리의 의미를 가르쳐 주고 계셨습니다.

나는 우리 집이 우리의 것이 아니라 하나님의 것임을 깨달았습니다. 그것이 하나님의 것이라면 왜 그것을 가지느냐 마느냐 하는 문제로 우리가 걱정하며 안달합니까? 하나님의 자원에는 부족함이 없습니다. 하나님은 쉽게 우리에게 다른 거처를 제공해 주실 수 있습니다.

하지만 하나님의 소유권을 이해하는 것은 내가 말하려는 교훈의 절반에 불과합니다. 하나님이 소유주라면, 나는 관리자였습니다. 나는 하나님이 나에게 맡기신 – 주신 것이 아니라 – 재산에 대해 청지기 정신을 가져야 했습니다.

청지기는 주인의 이익을 위해 재산을 관리합니다. 청지기는 자기가 관리하는 재산에 대해 권리가 있다고 생각하지 않습니다. 주인이 그 재산을 어떻게 하기 원하는지 알아내어 그의 뜻을 행하는 것이 청지기의 일입니다.

기쁘게 드림

제리 캐빈은 잘나가는 식당 체인점과 2개의 은행, 큰 목장, 농장을 가지고 있었고, 부동산 투자도 했습니다. 이제 제리는 59세로, 은퇴한 후에 살 멋진 호숫가의 집을 찾고 있었습니다. 그러나 소유주이신 하나님께는 다른 계획이 있었습니다.

제리는 이렇게 고백합니다.

"하나님은 우리의 돈과 시간을 해외로 투자하도록 인도하셨습니다. 그것은 매우 흥분되는 일이었습니다. 그전에 우리는 명목상의 후원을 했을 뿐이었습니다. 지금은 실제로 선교를 위해 상당한 돈을 헌금하고 있습니다. 우리는 자주 인도에 갑니다."

무엇이 헌금에 대한 제리의 태도를 변화시켰을까요?

"하나님의 소유권을 깨달았기 때문입니다. 우리가 하나님의 돈을 하나님의 일을 하는 데 쓰고 있다는 것을 깨달았을 때, 그것이 우리 돈이라고 생각했을 때는 결코 알 수 없었던 평안과 기쁨을 발견하게 되었습니다!"

한번은 어떤 미친 사람이 말을 타고 존 웨슬리에게 찾아가 외쳤습니다.

"웨슬리, 아주 끔찍한 일이 일어났소! 당신의 집이 전부 불에 타 버렸소!"

웨슬리는 그 소식을 듣고 깊이 생각한 후에 침착하게 대답했습니다.

"아닙니다. 주님의 집이 타 버린 것입니다. 그러니 나에게는 그다지 큰 부담이 되지 않습니다."

웨슬리의 반응은 부정이 아니었습니다. 오히려 그것은 현실에 대한 강한 긍정이었습니다. 즉 하나님이 모든 것의 주인이시며 우리는 단지 그분의 청지기일 뿐이라는 것입니다.

우리가 마치 주인인 것 같은 생각이 들 때마다 그것을 위험 신호로 받아들여야 합니다. 우리는 청지기, 투자 관리인의 자세를 가지고, 항상 주인의 돈을 투자할 가장 좋은 곳을 찾아야 합니다. 우리의 봉사 기간이 끝날 때에, 일의 성취도에 대한 평가를 받게 될 것입니다. "우리가 다 하나님의 심판대 앞에 서리라……이러므로 우리 각 사람이 자기 일을 하나님께 직고하리라" 롬 14:10, 12.

우리 이름이 하나님의 계산서에 적혀 있습니다. 우리는 자유롭게 하나님의 돈을 접할 수 있고, 또 그것을 남용할 수도 있습니다. 하나님은 그분의 재산 관리자로서 우리가 스스로 자기 봉급을 결정하게 하십니다. 우리는 하나님의 재산에서 필요한 만큼 자금을 빼내어 생활비로 충당합니다. 우리가 해야 할 중요한 영적 결정들 가운데 하나가 바로 합당한 생계비를 결정하는 것입니다. 그 비용이 얼마든 간에-그것은 사람마다 다를 것입니다-우리는 몰래 축적해 두거나 초과 지출을 해서는 안 됩니다. 결국 그것은 우리 것이 아니라 하나님의 것입니다. 그리고 하나님은 그것을 쌓아 두는 곳에 대해 하실 말씀이 있습니다.

매년 봄이면 나와 아내는 여름 선교 여행에 참가할 교인들에게서 온 수많은 편지들을 읽습니다. 올해에는 재정 후원을 요청하는 편지를 45통 받았습니다. 해마다 이맘때면 나는 사탕 가게-세상만큼 크고 하나님의 마음만큼 큰 사탕 가게-에 간 어린아이 같아집니다. 왜 그렇게 신이 나는 걸까요?

그것은 우리가 그들의 이야기를 듣고 이메일을 읽기 때문입니다. 우리는 그 열정과 성숙함, 하나님 나라를 생각하는 마음, 변화된 우선 순위를 보게 됩니다. 우리는 전세계적으로 다양한 하나님의 사역에 관심을 갖게 됩니다. 우리는 그들이 찾아가는 사람들뿐만 아니라 가는 그들도 반드시 변화되기를 기도합니다. 그러면 우리는 그 사역에 참여하는 것입니다!

최근에 어느 후원자들의 모임에 참석한 적이 있습니다. 우리는 돌아가면서 이야기했습니다. **즐거움, 기쁨, 신나는, 굉장한** 등의 단어들이 항상 빠지지 않았습니다. 거기에는 기쁨의 눈물과 더불어 웃음이 가득했습니다. 한 연로한 부부는 자신들이 항상 세계를 여행하며 그들이 후원하는 사역에 관여한다고 열심히 이야기했습니다. 그러는 동안 그들의 집은 점점 낡고 허름해졌습니다.

"아이들은 항상 말하지요. '집을 수리하든지 새로 장만하든지 하세요. 그럴 만한 여유는 있으시잖아요.' 그러면 우리는 이렇게 말합니다. '뭐하러 그렇게 하니? 우린 조금도 그러고 싶은 마음이 없는데!'"

국립 지방자치 용역회사의 최고 경영자인 레이 베리맨은 아내와 함께 적어도 일 년 수입의 절반은 하나님의 사업을 위해 헌금한다고 합니다.

"저는 이렇게 드릴 수 있는 것이 기쁠 따름입니다. 이렇게 하나님을 섬기는 것이 하나님이 저에게 주신 소명임을 잘 알기 때문이지요. 또한 제가 드리는 것이 사람들에게 큰 영향을 미쳐 그리스도를 영화롭게 한다는 것을 깨달았기 때문입니다. 우리가 복음 전파와, 제자화, 그리고 가난한 사람들을 돕는 일에 참여하고 있다고 생각하면 정말 신이 납니다. 참으로 큰 기쁨과 만족을 얻게 되지요."

우리가 많이 드릴수록, 드리는 기쁨도 더욱 커집니다. 또한 하나님도 우리로 인해 더 큰 기쁨을 얻으십니다. 드리는 것은 우리를 기쁘게 합니다. 하지만 더 중요한 것은 그것이 하나님을 기쁘시게 한다는 것입니다.

"하나님은 즐겨 내는 자를 사랑하시느니라" 고후 9:7.

이것은 마음이 내킬 때만 헌금해야 한다는 뜻이 아닙니다. 그러한 기쁨은 순종하기 전이 아니라 순종하는 동안, 그리고 순종한 후에 오는 경우가 많습니다. 그러므로 드리고 싶은 마음이 들 때까지 기다리지 마십시오. 그러면 너무 오래 기다려야 할 수도 있습니다! 먼저 드리고 기쁨이 뒤따라오기를 기다리십시오.

하나님은 우리가 즐겨 내기를 원하십니다. 하나님은 우리가 기쁨을 발견하기를 원하십니다. 하나님은 또한 우리에게 기뻐하라고 **명령**하시기까지 합니다빌 4:4. 이보다 더 기쁘게 순종할 수 있는 명령이 어디 있겠습니까? 하지만 우리가 드리지 않으면, 하나님이 우리에게 가르쳐 주신 그 기쁨의 원천을 잃어버리는 것입니다!

나는 한 청년을 알고 있습니다. 그는 20살 때 그리스도께 돌아왔는데, 성경을 읽다가 감동을 받아 자기 집을 팔아 그 돈을 하나님께 드리기로 결심했습니다. 그러나 성경공부 모임에서 이 계획을 다른 나이 든 신자들에게 이야기했을 때, 아주 비극적인 일이 일어났습니다. 그들이 그의 계획을 말린 것입니다.

어린 그리스도인(당신의 자녀를 포함해서)이 헌금하는 것을 말리고 싶을 때, 자제하십시오. 하나님의 성령을 소멸시키지 마십시오. 그리고 그 사람에게서 현재의 기쁨과 미래의 상급을 빼앗지 마십시오. 대신, 지켜보며 배워야 합니다. 그러고 나서 하나님의 재산을 탁자 위에 올려놓고, 하나님은 당신이 무엇을 드리기 원하시는지 물어 보십시오.

천둥, 번개, 은혜

마케도니아의 그리스도인들은 헌금의 기쁨을 이해했습니다.

"환난의 많은 시련 가운데서 그들의 넘치는 기쁨과 극심한 가난이 그들의 풍성한 연보를 넘치도록 하게 하였느니라" 고후 8:2.

'환난의 많은 시련', '넘치는 기쁨', '극심한 가난', '풍성한 연보', 이러한 말들이 어떻게 한 구절에 함께 쓰일 수 있을까요? 헌금은 부자들의 사치가 아닙니다. 그것은 가난한 자들의 특권입니다. 나는 가난한 그리스도인들이 그 무엇보다도 헌금하는 데서 큰 기쁨을 얻는다는 사실을 발견했습니다.

마케도니아 교인들은 어려운 상황이 그들의 기쁨을 빼앗아 가는 것을 허용하지 않았습니다. "이 은혜와 성도 섬기는 일에 참여함에 대하여 우리에게 간절히 구하니" 4절.

아마도 바울이나 다른 사람들이 그들이 가난하니 헌금을 하지 않아도 된다고 말했던 것 같습니다. 그래서 그들은 간절히 구해야 했습니다.

이 초대교회 그리스도인들은 몹시 가난했지만 그들이 헌금을 할 수 있는 모든 이유를 제시했습니다. 그들은 헌금의 특권을 간청했습니다! 우리와 얼마나 다른 모습입니까? 우리는 그들보다 훨씬 많은 것을 가졌으나, 헌금하지 않는 것을 정당화하려고 갖은 변명을 늘어놓습니다!

더 가난한 사람들에게 선물을 받으면 자신이 더 낮아지는 것을 느끼게 됩니다. 나는 이것을 선교 여행에서 경험했습니다. 가난한 사람들이 그들을 방문한 미국인들에게 가장 좋은 음식을 대접하면서 매우 즐거운 미소를 짓는 것이었습니다. 그들이 그렇게 희생함으로써 행복해 하는 것은 결코 가장이 아니었습니다. 그것은 **진심**이었습니다.

성막을 건축할 때, 사람들이 너무나 많은 예물을 가져와서 더 가져오지 못하게 '말려야' 했습니다 출 36:5-7. 드리고자 하는 마음이 있으면 이렇게 되는 것입니다.

다윗은 자신과 그 백성들이 하나님께 드리는 것을 지켜

보았습니다. 그것은 그의 마음을 겸손하게 했습니다. "나와 내 백성이 무엇이기에 이처럼 즐거운 마음으로 드릴 힘이 있었나이까 모든 것이 주께로 말미암았사오니 우리가 주의 손에서 받은 것으로 주께 드렸을 뿐이니이다"대상 29:14.

내 친구 딕시 프랠리는 이렇게 말했습니다. "우리가 우리 것을 드릴 때 가장 많이 하나님을 닮게 됩니다." 그리스도를 오랫동안 바라보십시오. 그러면 당신은 더 많이 드리게 될 것입니다. 그리고 계속 드리다 보면 당신은 더욱더 그리스도를 닮아갈 것입니다.

바울은 고린도후서 8장에서 이렇게 말합니다. "형제들아 하나님께서 마게도냐 교회들에게 주신 은혜를 우리가 너희에게 알리노니"1절. 하나님의 은혜는 어떻게 나타났습니까? 그들이 가난한 그리스도인들을 위해 헌금하는 모습으로 나타났습니다. 6절에서 바울은 예루살렘의 굶주린 사람들을 돕기 위한 마케도니아 교인들의 헌금을 '은혜'라고 표현했습니다. 그리스도인의 **헌금**을 말하는데 하나님의 **은혜**와 동일한 헬라어 단어가 쓰인 것입니다.

그리스도의 은혜는 헌금의 정의를 명확히 하며, 헌금에 대한 동기를 부여합니다. "우리 주 예수 그리스도의 은혜를 너희가 알거니와 부요하신 이로서 너희를 위하여 가난하게 되심은 그의 가난함으로 말미암아 너희를 부요하게 하려 하심이라"9절.

우리가 드리는 것은, 우리 삶에 나타난 하나님의 은혜에 대한 반사 행동입니다. 그것은 이타주의나 박애주의에서 나오는 것이 아닙니다. 그것은 우리 안에서 변화를 일으키는 그리스도의 역사로 인한 것입니다. 이 은혜는 곧 행동으로 이어집니다. 즉 우리가 드리는 것은 그에 대한 반응일 뿐입니다. 주님이 먼저 우리에게 주셨기에 우리가 드리는 것입니다. 헌금에 관한 이 훌륭한 성경 구절은 "너희의 풍성한 연보로 인해 감사하노라."는 말씀이 아니라, "말할 수 없는 그의 은사로 말미암아 하나님께 감사하노라"고후 9:15는 말씀으로 끝을 맺습니다.

번개가 나타나면 천둥이 뒤따르듯, 우리의 드리는 행위는 은혜 다음에 나타나는 것입니다. 하나님의 은혜가 당신을 감동시키면, 당신은 후히 드리는 것으로 응답하지 않을 수 없습니다. 마케도니아 교인들은 헌금하는 것이 곧 넘치는 기쁨이라는 것을 알았습니다.

헌금의 유익

켄터키의 검사 마크는 매년 자신의 수입 절반을 헌금합니다.

"돈에 집착하다 보니 하나님으로부터 멀어지는 것을 느꼈습니다. 그러나 그 돈을 하나님께 드린 후부터는 모든 것이 달라졌습니다. 사실 헌금은 그 무엇보다도 나를 하나님께 더 가까이 가게 해주었습니다."

영화 '불의 전차'에서 올림픽에 출전한 에릭 리들은 이렇게 말했습니다. "나는 하나님이 한 가지 목적을 위해 나를 만드셨다고 믿습니다. ……그리고 나는 달릴 때 하나님이 기뻐하시는 것을 느낍니다." 천국 보화의 원리를 발견한 사람들은 이렇게 증언할 것입니다. "내가 드릴 때, 하나님이 기뻐하시는 것을 느낍니다."

나는 한동안 초점을 잃고 지냈습니다. 그러다가 어떤 필요가 생기고, 하나님은 나로 하여금 나의 것을 드리도록 인도하십니다. 갑자기 나는 삶의 활력과 목적과 기쁨을 얻습니다. 그리고 하나님의 기쁨을 느낍니다.

하나님은 말씀하십니다. "이스라엘 자손이 여호와께 거제로 드리는 십일조를 레위인에게 기업으로 주었으므로" 민 18:24. 사람들이 돈을 레위인들에게 준 것이 아니라 하나님께 드렸다는 것에 유의하십시오. 사람들이 그들의 영적 지도자들에게 돈을 드리는 것처럼 보였을지 모르나, 실제로 그들은 하나님께 드렸습니다. 그리고 하나님이 자신의 돈을 레위인들에게 주신 것입니다. 그리스도인들은 목회자들을 사랑하고 재정적으로 후원해야 합니다갈 6:6. 그러나 제일 먼저 우리는 하나님께 드려야 합니다고후 8:5. 다른 것에 앞서 헌금은 예배 행위입니다.

헌금은 우리와 하나님과의 관계에 시동을 겁니다. 그것은 우리의 손을 펴서 하나님이 우리를 위해 예비하신 것을 받아들일 수 있게 해줍니다. 그것이 다른 사람들과 우리에게 어떤 유익을 주는지 알게 되면, 다음 기회가 올 때 우리는 더 빨리, 더 넓게 손을 펴게 됩니다.

하나님은 말씀하십니다. "귀를 막고 가난한 자가 부르짖는 소리를 듣지 아니하면 자기가 부르짖을 때에도 들을 자가 없으리라"잠 21:13. 이사야 58:6 – 10에서 하나님은 우리가 굶주리고 가난하고 억눌린 자들에게 관심을 가질 때 우리 기도에 기꺼이 응답하신다고 말씀하십니다. 당신의 기도 생활에 능력이 생기기를 원합니까? 그렇다면 당신이 가진 것을 나누어 주십시오.

다음은 요시야 왕에 대한 말씀입니다.

"그는 가난한 자와 궁핍한 자를 변호하고 형통하였나니 이것이 나를 앎이 아니냐 여호와의 말씀이니라"렘 22:16.

궁핍한 자를 돌아보는 것은 하나님을 앎에서 비롯되며, 그것은 우리를 하나님께로 더 가까이 인도합니다.

사업가인 할 토머스는 이렇게 말했습니다. "나는 헌금을 할 때 '주님을 사랑합니다.'라고 말합니다." 바울은 고린도 교인들에게 말하기를 그들의 재정적 후원이 "사람들이 하나님께 드리는 많은 감사로 말미암아 넘쳤느니라"고후 9:12고 했습니다.

헌금이 주는 또 다른 유익은 자유입니다. 그것은 아주 기본적인 물리학적 원리입니다. 부피가 커질수록 더 큰 힘을 발휘할 수 있습니다. 우리가 더 많이 가질수록-그 양이 많아질수록-그것들은 우리를 더 꽉 움켜쥡니다. 그리고 우리를 그들 주변 궤도에 묶어 둡니다. 마침내 그것들은 블랙홀처럼 우리를 빨아들입니다.

그런데 헌금은 그 모든 것을 변화시킵니다. 우리를 소유물의 주변 궤도에서 벗어나게 해줍니다. 우리는 소유물의 중력에서 벗어나 하늘에 쌓아둔 보화 주변의 새로운 궤도로 들어가게 됩니다.

11년 전에 법정에서 840만 달러의 벌금형을 받았음에도 불구하고, 우리는 집을 잃지 않았습니다. 내가 최저 임금으로 생활하는 동안, 많은 사람들이 내가 쓴 책들을 읽었습니다. 갑자기 인세가 늘어났습니다. 우리는 그 인세 수입의 90% 가량을 선교 사업과 빈민 구제, 낙태 합법화 반대 사업에 헌금할 수 있었습니다. 지난 3년간 하나님의 은혜로 우리는 50만 달러가 넘는 돈을 헌금했습니다. 때때로 나는 하나님께서 사랑하시는 사역자들을 위한 기금을 모으기 위해 책을 팔고 계신다는 생각이 듭니다!

나는 돈을 '희생했다'고 느끼면서 잠자리에 들지 않습니다. 대신 기쁜 마음으로 잠자리에 듭니다. 헌금만큼 좋은 것이 없기 때문입니다. 나에게 있어서 이것에 필적할 만한 유일한 기쁨은 다른 사람을 그리스도께 인도하는 기쁨입니다.

헌금은 삶을 기쁨으로 가득하게 해줍니다. 그것은 가장 평범한 삶도 영원의 차원으로 끌어올려 줍니다. 그것이 바로 당신이 아무리 많이 주어도 부족한 이유입니다.

그러나 기억하십시오. 현재의 기쁨도 물론 중요하지만, 그것이 천국 보화의 원리의 가장 중요한 부분은 아닙니다.

멀리 바라보라

"인자가 아버지의 영광으로 그 천사들과 함께 오리니 그 때에 각 사람이 행한 대로 갚으리라" _ 마 16:27

카이로의 거리는 뜨겁고 먼지가 가득했습니다. 패트와 레이켈 투르맨이 우리를 뒷골목으로 데려갔습니다. 우리는 아라비아어 표지판을 지나 한 대문 앞에 이르렀습니다. 열린 대문 안으로 무성한 잔디밭이 보였습니다. 그곳은 미국 선교사들을 위한 묘지였습니다.

나와 우리 가족이 따라 들어가자, 패트가 비석 하나를 가리켰습니다.

'윌리엄 보덴, 1887-1913.'

보덴은 예일대학을 졸업하고 많은 유산을 상속받았는

데, 이슬람교도들에게 복음을 전하기 위해 편안한 삶을 거부했습니다. 자신을 위해 차도 사지 않은 보덴은 수십만 달러를 선교 사업에 헌금했습니다. 그는 이집트에서 겨우 넉 달 동안 열성적으로 사역하고는 척수 뇌막염에 걸려 스물다섯 살의 나이로 세상을 떠났습니다.

나는 보덴의 묘비에 덮인 먼지를 털어 냈습니다. 하나님 나라와 이슬람교도들을 위한 그의 사랑과 희생을 묘사한 후 다음과 같은 구절로 끝나는 그 비문을 나는 결코 잊을 수가 없습니다.

"그리스도에 대한 믿음을 떠나서는 그의 삶을 설명할 길이 없다."

투르맨은 보덴의 묘에서 곧장 우리를 이집트 국립 박물관으로 데려갔습니다. 투탕카멘 왕의 전시품은 매우 놀라웠습니다.

투탕카멘은 겨우 17세의 나이에 세상을 떠났습니다. 그는 튼튼한 황금마차와 금으로 된 수많은 유물들과 함께 매장되었습니다. 황금 무덤 속에, 그 황금 무덤 속에, 또 그 황금 무덤 속에서 그의 금관이 발견되었습니다. 그가 묻힌 자리에는 수많은 금들이 가득했습니다.

이집트인들은 사후 세계를 믿었습니다. 그리고 그곳에 이 땅의 보물들을 가져갈 수 있다고 생각했습니다. 그러나 투탕카멘 왕의 영원한 즐거움을 위해 마련된 모든 보물들은, 1922년 하워드 카터가 무덤을 발견할 때까지 그 자리에 그대로 있었습니다. 그것들은 3,000년 넘게 누구의 손도 닿지 않았습니다.

나는 이 두 무덤의 대조적인 모습에 충격을 받았습니다. 보덴의 묘는 눈에 띄지도 않고, 먼지가 가득하고, 쓰레기가 여기저기 흩어져 있는 뒷골목을 지나서 있었습니다. 반면에 투탕카멘의 무덤은 상상하기도 힘든 값진 물건들로 화려하게 빛났습니다.

그렇다면 지금 이 두 사람은 어디에 있을까요? 부유하게 살며 자신을 왕이라 불렀던 사람은 그리스도가 없는 영원 세계에서 비참하게 지내고 있습니다. 세상에서 참된 왕을 섬기며 검소한 삶을 살았던 또 다른 사람은 주님의 임재 안에서 영원한 상급을 누리고 있습니다.

투탕카멘의 삶이 비극적이었던 것은 가장 중요한 진리

를 너무 늦게 발견했기 때문이었습니다. 그 진리는 바로 그가 보물을 가지고 갈 수 없다는 것입니다. 반면에 윌리엄 보덴의 삶은 성공적인 삶이었습니다. 왜 그렇습니까? 그는 보물을 두고 떠나는 대신 보물을 하늘나라로 미리 보냈기 때문입니다.

영원한 상급

만일 당신이 천국에서 매일 서투른 솜씨로 지루하게 하프나 켜고 있을 거라고 상상한다면, 아마도 천국 가기가 두려울 것입니다. 그러나 성경을 믿는다면, 천국을 생각할 때 기쁨과 흥분이 넘쳐날 것입니다. 내가 다른 책에서 말한 것처럼, 천국은 죄와 고통의 짐에서 벗어나 편안히 안식하는 곳입니다. 그러나 그곳에는 또한 많은 학습과 활동, 예술적 표현, 탐험, 발견, 우정, 봉사 등이 있을 것입니다.[1]

우리 중 어떤 이들은 그리스도와 함께 왕노릇할 것입니

---

1) Randy Alcorn, *In Light of Eternity* (Colorado Springs, Colo.: WaterBrook, 1999).

다계 20:6. 충성스러운 종들에게는 많은 것이 맡겨질 것입니다마 25:21, 23. 그리스도는 그분을 따르는 사람들에게 세상에서 봉사한 것에 비례하여 고을을 다스리게 하실 것입니다눅 19:12-19. 성경은 지도자 자리를 암시하는 다섯 개의 왕관을 언급합니다. 우리는 천사도 판단할 것입니다고전 6:3.

우리는 선을 행하고엡 6:8; 롬 2:6, 10, 핍박을 견디며눅 6:22-23, 가난한 자들을 동정하고눅 14:13-14, 원수들을 선대한눅 6:35 대가로 영원한 상급을 받게 됩니다.

하나님은 또한 후히 베푼 것에 대해서도 상급을 주십니다. "가서 네 소유를 팔아 가난한 자들에게 주라 그리하면 하늘에서 보화가 네게 있으리라"마 19:21.

예수님은 우리의 가장 작은 친절도 기억하고 계십니다. "누구든지 제자의 이름으로 이 작은 자 중 하나에게 냉수 한 그릇이라도 주는 자는 내가 진실로 너희에게 이르노니 그 사람이 결단코 상을 잃지 아니하리라"마 10:42.

하나님은 헌금을 포함하여 우리가 그분을 위해 하는 모든 일들을 기록하고 계십니다.

"여호와를 경외하는 자와 그 이름을 존중히 여기는 자를 위하여 여호와 앞에 있는 기념책에 기록하셨느니라"말 3:16.

하늘에서 어떤 사람이 당신이 베푸는 모든 선물을 낱낱이 두루마리에 기록하고 있다고 상상해 보십시오. 당신이 이웃집 아이에게 준 자전거, 죄수들에게 보내준 책들, 매달 교회와 선교사들과 복지 기관에 내는 헌금, 이 모든 것들이 역사에 기록되고 있습니다. 그 두루마리는 읽기 위해 기록하는 것입니다. 나는 당신이 헌금한 이야기를 듣고, 당신에게 도움을 받은 사람들을 만나게 될 날을 기대합니다.

예수님은 이렇게 말씀하셨습니다. "너희가 만일 불의한 재물에도 충성하지 아니하면 누가 참된 것으로 너희에게 맡기겠느냐 너희가 만일 남의 것에 충성하지 아니하면 누가 너희의 것을 너희에게 주겠느냐"눅 16:11-12. 만일 당신이 그리스도의 돈을 충성스럽게 다룬다면, 그리스도께서 당신에게 참된 재물, 즉 영원한 재물을 주실 것입니다.

우리가 우리 것이 아닌 것에 집착하면 천국에서 소유권을 받을 기회를 놓치게 됩니다. 그러나 세상에서 하나님의 재산을 후히 나누어 주면, 천국에서 많은 재산을 소유하게 될 것입니다!

우리가 현재 헌금하는 것이 천국에서 많은 이익으로 우리에게 돌아올 것입니다. 예수님은 약삭빠른 종이 "이렇게 하면 직분을 빼앗긴 후에 사람들이 나를 자기 집으로 영접하리라"눅 16:4고 생각하고 그것을 위해 세상의 재물을 사용한 것을 말씀하신 후에, 그를 따르는 자들에게 "불의의 재물로 친구를 사귀라"고 말씀하셨습니다. 그 이유가 무엇입니까? "그리하면 그 재물이 없어질 때에 (이 세상에서의 삶이 끝날 때에) 그들이 너희를 영주할 처소로 영접"할 것이기 때문입니다9절.

하늘에 있는 우리의 '친구들'은 이 세상에서 우리가 영향을 미친 자들일 것이며, 그들은 '영원한 처소'를 가지게 될 것입니다. 누가복음 16:9에서 말하는 우리 친구들의 영원한 처소란, 아마도 우리가 천국을 돌아다닐 때 머물며 교제하는 곳인 듯합니다. 우리가 세상에서 다른 사람들을 돕기 위해 내는 돈은 천국에서 그들과의 교제의 문을 열어 줄 것입니다.

존 번연은 『천로역정』을 영국의 감옥에서 썼습니다. 그는 다음과 같이 말했습니다.

"당신이 주님을 위해 어떤 선한 일을 하든지 말씀에 따라 행하면, 그것은 당신을 위해 상자와 금고 속의 보물로 저장될 것이다. 그리고 후에 그것은 사람들과 천사들 앞에서 상급으로 주어져, 당신에게 영원한 위안을 가져다 줄 것이다."[2]

바로 이것이 성경적 개념입니다. 바울은 빌립보 교인들의 재정적 후원에 대해 이렇게 설명했습니다.

"내가 선물을 구함이 아니요 오직 너희에게 유익하도록 풍성한 열매를 구함이라" 빌 4:17.

하나님은 천국에서 우리를 위해 계좌를 열어 두고 계시며, 하나님의 영광을 위해 드려지는 모든 선물은 그 계좌에 예금됩니다. 하나님과 다른 사람들뿐 아니라 우리도 우리가 낸 헌금의 영원한 수익자가 되는 것입니다. (당신은 정기적으로 예금을 해왔습니까?)

그러나 상급에 의해 동기 부여되는 것은 잘못된 것이 아

---

[2] John Bunyan, as quoted by Bruce Wilkinson in "Walk Thru Eternal Rewards" seminar notebook, Walk Thru the Bible Ministries.

닙니까? 그렇지 않습니다. 만일 그것이 잘못이라면, 그리스도께서 동기 부여를 위해 그것을 우리에게 제시하지 않으셨을 것입니다. 상급은 우리의 생각이 아니라 주님의 아이디어입니다.

우리는 본능적으로 우리에게 무언가를 갚을 사람들에게 주고자 합니다. 그러나 예수님은 "잔치를 베풀거든 차라리 가난한 자들과 몸 불편한 자들과 저는 자들과 맹인들을 청하라 그리하면 그들이 갚을 것이 없으므로 네게 복이 되리니 이는 의인들의 부활시에 네가 갚음을 받겠음이라" 눅 14:13-14고 말씀하셨습니다. 우리가 보답할 수 없는 사람들에게 베푼다면, 천국에서 주님이 개인적으로 보상하시겠다고 약속하시는 것입니다.

헌금은 이 세상이라는 받침대 위에 놓인 거대한 지레와 같아서, 우리를 다음 세상에 있는 높은 산으로 이동하게 해줍니다. 우리가 헌금을 드릴 때 우리 자신이나 다른 사람들의 내세가 달라질 것입니다.

마음이 있는 곳

레이 볼츠의 '(주님께 드리니) 감사드립니다.'라는 노래를 들어본 적이 있습니까? 그 노래는 하늘나라에서 만나는 사람들이 우리의 베풂으로 인해 그들의 삶이 어떻게 변했는지를 이야기하는 모습을 묘사합니다. 우리가 그들의 주일학교 선생님이었든, 구제 헌금으로 그들을 도와주었든 간에, 이 사람들은 언젠가 우리가 베풀어준 것에 대해 감사를 표할 것입니다.

하나님은 더 이상 저주와 고통 아래 있지 않은 멋진 새 하늘과 새 땅에서 우리에게 하늘의 상급을 후히 주실 것을 약속하십니다계 21:1-6. 우리는 우리를 위해 지어진 곳에서 우리가 지음받은 목적인 주님과 함께 영원히 살 것입니다.

그럼에도 불구하고 많은 그리스도인들이 이 세상을 떠나는 것을 두려워합니다.

왜 그렇습니까? 많은 사람들이 그들의 보물을 하늘이 아니라 땅에 쌓아 두었기 때문입니다. 매일 우리는 죽음에 더 가까워집니다. 만일 당신의 보물이 땅에 있다면, 당신은 매일 보물을 잃어 가고 있는 것입니다.

존 웨슬리는 한 농장 주인과 함께 그의 거대한 농장을 돌며 구경했습니다. 농장 주인은 의기양양했습니다. 그들이 말을 타고 수시간을 달리면서 본 것은 그 사람이 가진 것의 한 부분에 불과했습니다. 그날 저녁 식탁에서 농장 주인이 물었습니다.

"웨슬리, 농장을 둘러본 소감이 어떻소?"

웨슬리는 이렇게 대답했습니다.

"내 생각에, 당신은 이 모든 것을 두고 떠나 괴로운 시간을 보낼 것 같습니다."

나는 최근에 말기 암 환자인 라벤이라는 여자와 이야기를 나누었습니다. 그녀는 울음을 터뜨렸습니다. 그녀가 곧 죽게 되었기 때문이 아니라, 내가 그녀에게 헌금에 대해 이야기해 달라고 했기 때문이었습니다. 눈물을 흘리며 그녀는 말했습니다.

"헌금은 제 마음을 녹입니다. 저를 압도하여 하나님이 헌금을 위해 저를 택하셨음을 깨닫게 해줍니다. 머지 않아 저는 하나님을 대면하여 볼 것입니다. 저는 그때 이런 말씀을 들었으면 좋겠습니다. '잘하였도다, 착하고 충성된 종아.'"

라벤은 웃으며 한마디 덧붙였습니다.

"그보다 중요한 것이 또 뭐가 있겠어요?"

라벤의 마음은 하늘나라의 보물에 초점이 맞춰져 있었습니다. 그녀는 하늘에 보물을 쌓아 두고 있기 때문에, 날마다 그 보물들에 더 가까워지는 것입니다.

예수님은 "네 보물 있는 그곳에는 네 마음도 있느니라"마 6:21고 말씀하셨습니다. 이것이 바로 천국 보화의 두 번째 원리입니다.

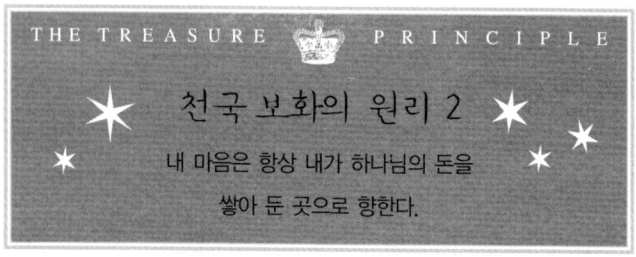

예수님은 우리 마음이 우리 보물을 따라간다고 말씀하심으로써 곧 이렇게 말씀하시는 것입니다.

"네 수표장과 신용카드 내역서, 영수증을 보여 봐라. 그러면 내가 네 마음이 어디에 있는지를 보여 주마."

당신이 제너럴 모터사의 주식을 산다고 가정합시다. 어떤 일이 일어나겠습니까? 당신은 갑자기 그 회사에 관심이 많아집니다. 날마다 신문의 경제면을 확인하고, 그 회사에 대한 잡지 기사를 보며, 한 달 전만 해도 그냥 지나쳤을 내용을 꼼꼼히 읽어봅니다.

당신이 에이즈에 걸린 아프리카 어린이들을 돕기 위해 후원을 한다고 가정해 봅시다. 그러면 그 주제에 관한 기사에 관심이 끌리게 됩니다. 또한 만일 당신이 인도에 교회를 세우기 위해 돈을 보내고 있는데 인도에 지진이 발생한다면, 뉴스를 보며 열심히 기도할 것입니다.

나침반의 바늘이 항상 북쪽을 향하듯이 분명 당신의 마음은 당신의 보물을 따라갈 것입니다. 돈이 이끌고, 마음이 따라갑니다.

사람들은 이렇게 말하곤 합니다.

"나는 선교에 좀더 마음을 쏟고 싶습니다."

그러면 나는 항상 이렇게 대답합니다.

"예수님은 당신이 어떻게 해야 할지를 정확하게 말씀해 주십니다. 당신의 돈을 선교 사업에, 또한 당신의 교회와 가난한 자들을 위해 쓰십시오. 그러면 자연히 마음이 따라갈 것입니다."

영원한 것들에 대해 좀더 관심을 가지기 원합니까? 그렇다면 당신의 돈을 재분배하십시오. 아마도 당신의 돈 대부분이 일시적인 것에서 영원한 것들로 옮겨질 것입니다. 그리고 무슨 일이 일어나는지 보십시오.

하나님은 당신의 마음을 원하십니다. 그분은 단지 하나님 나라를 위한 '기증자'를 찾고 계시는 것이 아닙니다. 그런 사람들은 하나님의 목적에서 벗어나 냉정하게 자선 행위에 대해 생각하는 사람입니다. 하나님은 자신들이 헌금하는 목적에 깊이 몰두해 있는 제자들을 찾고 계십니다. 그분은 사람들이 영원 세계에 대한 비전으로 충만해져서, 당연히 그들의 돈과 시간과 기도를 그곳에 투자하기를 원하십니다.

물론 헌금만이 우리가 돈으로 할 수 있는 선한 일은 아닙니다. 우리는 가족을 먹이고, 입히고, 재우고, 부양해야 합니다. 그러나 그런 기본적인 것들을 해결하고 나서 나머지는 하늘의 보물로 쌓아 두어도 되지 않겠습니까?

모세는 '상 주심을 바라보았기에' 애굽의 보화를 두고 떠났습니다 히 11:26.

땅에 보화를 쌓아 두는 사람은 사는 동안 보화로부터 점점 멀어지는 것입니다. 그에게 죽음은 곧 상실입니다. 하늘에 보화를 쌓아 두는 사람은 영원을 기대합니다. 그는 날마다 자신의 보화를 향해 나아갑니다. 그에게 죽음은 이득입니다.

자신의 보화에서 멀어지는 생애를 보낸 사람은 당연히 절망하게 됩니다. 반면에 자신의 보화를 향해 점점 가까이 나아가는 생애를 보내는 사람은 당연히 기쁨을 얻습니다.

당신은 절망하고 있습니까, 아니면 기뻐하고 있습니까?

 04

헌금은 하고 싶은데……

"삼가 모든 탐심을 물리치라 사람의 생명이 그 소유의 넉넉한 데 있지 아니하니라"
_ 누가복음 12:15

우리는 그리스도께서 헌금하라고 명령하신 것을 알고 있습니다. 그리고 주님이 헌금에 대한 큰 상급을 주신다는 것도 알고 있습니다. 그런데 헌금하기가 왜 그렇게 어려운 것일까요?

헌금에는 많은 장애물들 - 불신, 불안, 자만심, 우상 숭배, 권력과 지배력에 대한 갈망 등 - 이 있습니다. 우리 문화의 거친 흐름은 - 그리고 종종 우리의 교회는 - 흐름을 거슬러 수영하는 것을 어렵게 만듭니다. 우리가 내놓는 것보다 훨씬 더 많은 것을 가지고 있는 것이 '정상적인' 것으로 여겨집니다.

그러나 나는 헌금에 가장 큰 방해가 되는 것은 바로 이 것, 즉 세상이 우리 집이라는 착각이라고 확신합니다. 이것은 우리를 다음 보화의 원리로 인도합니다.

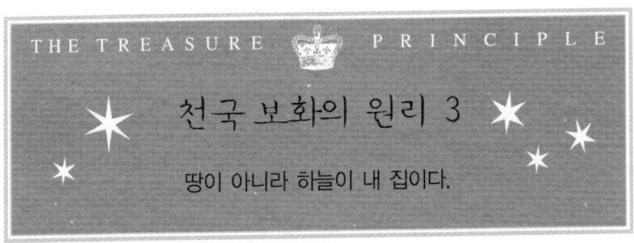

천국 보화의 원리 3

땅이 아니라 하늘이 내 집이다.

성경은 우리가 세상에서 순례자요, 외국인이요, 나그네라고 말합니다히 11:13. 우리는 우리의 참된 고국을 대표하는 사신들입니다고후 5:20. '오직 우리의 시민권은 하늘에' 있습니다빌 3:20. 우리는 '더 나은 본향'의 시민입니다히 11:16.

우리가 어디에 보화를 쌓아 두는가는 우리의 집이 어디라고 생각하는지에 따라 결정됩니다.

당신의 집이 프랑스에 있는데, 석 달 동안 미국 호텔에서 지낸다고 가정해 봅시다. 당신은 아무것도 프랑스로 가지고 갈 수 없다는 말을 듣습니다. 그러나 돈을 벌어서 프랑스에 있는 당신의 은행 계좌로 보낼 수는 있습니다.

그렇다면 호텔 방에 비싼 벽지를 바르고 비싼 가구를 들여놓겠습니까? 당연히 그렇지 않을 것입니다. 당신은 당신의 집이 있는 곳으로 돈을 보낼 것입니다. 잠시 거주하는 데 꼭 필요한 것에만 돈을 쓰고, 나머지는 집으로 미리 보낼 것입니다. 집에 돌아갔을 때 그 돈들이 당신을 기다리도록 말입니다.

나의 두 딸 모두 최근에 결혼을 했습니다. 친구들과 가족들이 바쁜 일정을 제쳐두고 각지에서 왔습니다. 왕의 혼인잔치 날에는 온 우주가 멈추라고 소리칠 것입니다계 19:7-9. 그 외에는 아무것도 하늘나라의 일정에 들어 있지 않습니다. 나사렛 출신의 신랑과 그의 사랑하는 신부가 중앙에 설 것입니다.

우리는 매일매일 **우리의** 혼인잔치를 향해 나아가고 있습니다. 어제보다 오늘 더 가까워졌습니다. 우리의 신랑 되시는 목수는 우리를 위해 하늘나라에 처소를 짓고 계십니다. 우리가 미리 보내는 모든 것이 거기서 우리를 기다리고 있을 것입니다. 그것은 우리가 하나님께 드리는 것이지만, 너그러우신 주님께서는 그 보화들을 우리에게 돌려주실 것입니다.

예수님은 건축가이십니다. 그분은 또한 전능하고 전지하시며, 건축 설계에 아주 능숙하십니다! 주님께서 지난 2000여 년간 우리를 위해 지으신 집이 얼마나 멋질지 기대되지 않습니까?

역설적이지만, 우리 집은 우리가 한번도 가 본 적이 없는 곳입니다. 그러나 우리는 그곳을 위해 지어졌으며, 그곳은 우리를 위해 지어졌습니다.

이 사실을 마음에 새긴다면, 우리의 사고 방식과 생활 방식은 영원히 변화될 것입니다. 우리는 보화를 세상의 호텔 방에 쌓아 두는 일을 멈추고, 더 많은 보화를 우리의 진정한 집으로 보내기 시작할 것입니다.

땅의 보물의 종착점

함께 차를 타고 가고 있다고 생각해 봅시다. 얼마 못 가서 우리는 샛길로 들어섭니다. 한 문을 지나자, 상품배달 트럭들 뒤에 서게 되었습니다. 앞에 있는 차들에는 컴퓨터, 스테레오 전축, 가구, 각종 기구들, 낚시 도구, 장난감 등이 가득합니다.

우리는 점점 더 고지대로 올라가 마침내 주차장에 도착합니다. 운전자들이 화물을 내리고 있습니다. 호기심 많은 당신은 어떤 사람이 컴퓨터를 나르는 것을 지켜봅니다. 그는 비틀거리며 주차장 구석으로 걸어가서는, 절벽 아래로 자기 컴퓨터를 아무렇게나 집어던집니다.

이제야 당신은 무슨 일이 일어나고 있는지 알았습니다. 당신은 급히 차 밖으로 나가 절벽 아래를 자세히 살펴봅니다. 낭떠러지 밑에는 여러 가지 잡동사니들로 가득한 거대한 구덩이가 있습니다.

마침내 당신은 알게 됩니다. 이것은 쓰레기 매립지, 고물 수집장, 즉 우리의 삶 속에 있던 것들의 마지막 휴식처입니다.

조만간 우리가 가진 모든 것이 결국 여기로 오게 됩니다. 성탄절과 생일에 선물로 받은 것들, 자동차, 배, 옷, 스테레오 전축, 바비큐 요리 등 모든 것이 그렇게 끝이 납니다. 아이들이 서로 가지려고 다투는 보물들, 우리 손에 넣기 위해 우정도 잃고, 정직도 포기하고, 결혼 생활도 깨뜨린 그 모든 것들이 여기서 끝나는 것입니다. (나는 고물 수집장으로 가족끼리 여행을 떠나 볼 것을 권합니다. 아마도 매우 효과적인 실물 교육이 될 것입니다.)

자동차 범퍼에 붙이는 광고 스티커 중에 이런 문구가 적힌 것을 본 적이 있습니까? '가장 많은 장난감을 가지고 죽는 사람이 이긴다.' 수많은 사람들이 마치 그것이 진리인 것처럼 행동합니다. 좀더 정확하게 말하자면, '가장 많은 장난감을 가지고도 죽는 사람, 그래서 그 장난감들을 결코 가져 갈 수 없는 사람'입니다. 세상 것들을 얻는 데 우리의 삶을 다 바친 후에 죽으면, 우리는 이기는 것이 아닙니다. 그것은 지는 것입니다. 우리는 영원 세계로 들어가나, 우리의 장난감들은 세상에 남아 고물 수집장을 채웁니다. 그 범퍼 스티커에 적힌 말은 완전히 잘못된 것입니다.

나는 그것을 점과 선으로 생각합니다. 우리의 삶에는 두 가지 측면이 있습니다. 하나는 점이고, 다른 하나는 그 점에서 뻗어 나가는 선입니다.

땅에서의 삶은 점입니다. 그것은 시작하고, 끝납니다. 그것은 매우 짧습니다. 그러나 그 점으로부터 선이 영원히 뻗어 나갑니다. 그 선은 영원한 삶이며, 그리스도인들이 하늘에서 지내게 될 시간입니다.

점　　　　　　　　　　　　　　선
땅에서의 삶　　　　　　　　하늘에서의 삶

지금 우리는 점 안에 살고 있습니다. 그러나 우리는 무엇을 위해 살고 있습니까? 앞을 멀리 내다볼 줄 모르는 사람은 그 점을 위해 삽니다. 그러나 멀리 보는 안목을 가진 사람은 선을 위해 삽니다.

이 세상(그리고 여기서 보내는 나의 시간)은 점입니다. 사랑하는 신랑, 다가오는 혼인 잔치, 새 하늘과 새 땅에 있는 나의 영원한 집 – 이것들은 모두 선에 있습니다. 그것이 다음 요점입니다.

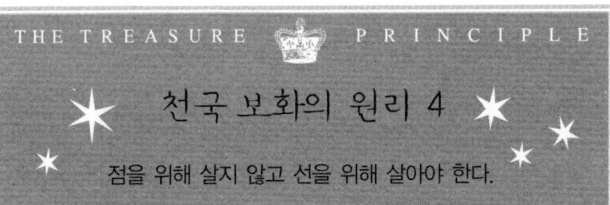

천국 보화의 원리 4
점을 위해 살지 않고 선을 위해 살아야 한다.

점을 위해 사는 사람은 고물 수집장에서 끝나고 마는 땅의 보물들을 위해 삽니다. 그러나 선을 위해 사는 사람은 영원히 끝나지 않을 하늘의 보화를 위해 삽니다.

헌금은 바로 선을 위해 사는 것입니다.

우리는 모두 자기가 가진 돈을 내놓습니다. 문제는 그것이 언제가 되느냐입니다. 나중에는 그것을 내놓을 수밖에 없습니다. 그러나 지금 그것을 내놓을 것인지 아닌지는 선택할 수 있습니다. 우리는 잠깐 동안 땅의 보화를 가지고 있을 수 있습니다. 그것들로부터 일시적인 즐거움을 얻을 수도 있습니다. 그러나 지금 그것을 내놓으면, 절대 없어지지 않을 영원한 보화를 얻게 됩니다.

짐 엘리어트가 "절대 잃어서는 안 되는 것을 얻기 위해 자기가 계속 가지고 있을 수 없는 것을 내어주는 자는 결코 어리석은 사람이 아니다."라고 한 것은, 바로 이런 의미였습니다. 만일 당신이 그런 말을 듣고 '오, 그 사람은 자신의 이익을 생각하지 않는 초월적인 선교사였어.' 하고 생각한다면, 그 요점을 놓친 것입니다. 그 말을 다시 한번 읽어보십시오. 짐 엘리어트는 **정확하게** 자신의 이익에 대해 생각하고 있었습니다! 그는 단지 자기가 절대 잃어서는 안 되는 이익, 다시 말해 하늘의 보화를 원했던 것입니다.

점을 위해 살지 말고, 선을 위해 사십시오.

소유물에 대한 망상

'부자병'이라는 한 텔레비전 프로그램에서 '현대의 역병 물질주의'에 대해 다루었습니다. 그 프로그램은 이렇게 주장했습니다.

- 미국인들은 평균적으로 일주일에 6시간 쇼핑하는 반면에, 자녀들과 놀아 주는 시간은 40분에 지나지 않는다.
- 20세가 될 때까지 미국인들은 100만 개의 광고 방송을

본다.
- 최근에 대학을 졸업하는 사람보다 파산을 선언한 사람 수가 더 많다.
- 이혼하는 이유 중 90%가 돈 때문인 경우이다.

이 프로그램을 보며 떠오르는 생각은, 도덕적인 근거가 아니라 실제적인 근거에서 물질주의를 반대한다는 것입니다. 즉 물질적인 부는 우리를 행복하게 해주지 못합니다.

당대에 가장 부자였던 사람들의 말을 들어봅시다.

- "2백만 달러면 누구든 죽일 수 있다. 그것에서는 기쁨을 얻을 수 없다" _ 밴더빌트
- "나는 세상에서 가장 불행한 사람이다" _ 존 제이콥 애스터
- "나는 수백만 달러를 벌었다. 그러나 그것들은 내게 행복을 가져다주지 않았다" _ 존 록펠러
- "백만장자들은 좀처럼 웃지 않는다" _ 앤드류 카네기
- "나는 기계공으로 일할 때가 더 행복했다" _ 헨리 포드

우리는 복권에 당첨된 사람들이 오히려 그전보다 더 불행해졌다는 이야기를 듣습니다. 그들이 꿈꾸던 부는 그들에게 행복을 가져다주지 못했습니다.

휴 매클레랜은 공항에서 자기가 아는 사람이 걱정스러운 얼굴을 하고 있는 것을 보았습니다.

"무슨 일 있습니까?"

휴가 물었습니다. 그 사람은 한숨을 쉬며 말했습니다.

"드디어 나 자신을 위한 주말을 보낼 수 있을 거라고 생각했어요. 하지만 지금 나는 플로리다에 있는 집을 잘 수리하고 있는지 감독하러 가야 해요."

그는 기운 빠진 모습으로 앉아서 개인 제트기가 이륙하기를 기다리고 있었습니다.

이 사람은 원하는 것을 모두 가지고 있고, 또 대부분의 사람들이 꿈꾸는 것을 모두 가지고 있지만, 자신의 주말을 즐길 수 없습니다. 그는 자기 재산의 노예가 되어 있습니다.

우리는 재산을 소유하고 있다고 생각하지만, 많은 경우 재산이 우리를 소유합니다.

좋긴 하지만 당장 필요하지 않은 것들로 가득한 무거운 배낭만큼 여행을 힘들게 하는 것이 없습니다. 순례자는 가벼운 짐을 가지고 여행합니다.

물질의 횡포

낸시와 나는 23년 동안 지금의 집에서 살았습니다. 처음 9년 동안 우리는 보기 흉한 오렌지색 카펫을 사용했습니다. 우리는 그것에 전혀 신경을 쓰지 않았습니다. 그러다 드디어 새 카펫으로 바꾸던 날, 누군가가 초에 불을 붙였습니다. 그런데 성냥 불똥이 떨어져 카펫에 구멍이 났습니다.

그 전날 그런 일이 있었다면 우리는 신경도 쓰지 않았을 것입니다. 그런데 그때 우리는 매우 화가 났습니다. 우리는 좋은 새 물건을 가짐으로 더 행복해졌을까요?

물건을 하나씩 살 때마다, 생각하고, 이야기하고, 청소하고, 재정리하고, 걱정하고, 망가졌을 때 바꾸어야 할 것을 생각하게 됩니다.

만약 내가 텔레비전을 공짜로 얻었다고 가정해 봅시다.

그러면 무엇을 하겠습니까? 안테나를 연결하거나 케이블 서비스를 신청할 것입니다. 또 VCR이나 DVD 플레이어를 사서, 영화를 빌려 볼 것입니다. 서라운드 스피커도 사고, 또 편하게 앉아서 보기 위해 안락의자도 살 것입니다. 이것은 모두 돈이 드는 일입니다. 그러나 그것은 또한 많은 시간과 정력과 관심을 요구하는 일이기도 합니다.

내가 텔레비전과 그 부속품들에 시간을 쏟는다는 것은 곧 가족과 대화하는 시간, 말씀을 읽고 기도하는 시간, 우리 집을 개방하는 시간, 가난한 자들을 위해 봉사하는 시간이 줄어드는 것을 의미합니다.

그러면 나의 '공짜' 텔레비전의 실제 가격은 얼마입니까?

어떤 소유물이 생기면 그것은 나의 우선 순위를 바꾸도록 강요합니다. 만일 내가 배를 한 척 산다면, 나는 그 배를 사용함으로써 그것을 구입한 것을 정당화하려고 할 것입니다. 그것은 곧 주말에 자주 가족 또는 교회를 떠나 있게 되고, 내 딸의 야구 경기에 참석하지 않고, 주일학교에서 가르치거나 보육원에서 봉사하는 일을 하지 않게 되는 것을 의미합니다.

문제는 배나 텔레비전이 아닙니다. 문제는 바로 나입니다. 그것이 인생의 법칙이며, 물질의 전제정치입니다.

바람을 잡는 것

솔로몬은 전도서 5:10-15에서 매우 통찰력 있는 말을 합니다. 이제 그것을 한 구절씩 살펴보겠습니다.

- "은을 사랑하는 자는 은으로 만족하지 못하고" 10절.
  많이 가질수록 더 많은 것을 원하게 됩니다.

- "풍요를 사랑하는 자는 소득으로 만족하지 아니하나니" 10절.
  많이 가질수록 더 만족을 얻지 못합니다.

- "재산이 많아지면 먹는 자들도 많아지나니" 11절.
  많이 가질수록 더 많은 사람들이(정부를 포함해서) 그것을 좇아올 것입니다.

- "그 소유주들은 눈으로 보는 것 외에 무엇이 유익하

랴" 11절.

많이 가질수록 그것이 당신에게 아무 유익도 주지 않는다는 것을 깨닫게 됩니다.

- "노동자는 먹는 것이 많든지 적든지 잠을 달게 자거니와 부자는 그 부요함 때문에 자지 못하느니라" 12절.

  많이 가질수록 걱정거리가 더 많아집니다.

- "내가 해 아래에서 큰 폐단 되는 일이 있는 것을 보았나니 곧 소유주가 재물을 자기에게 해가 되도록 소유하는 것이라" 13절.

  많이 가질수록 그것에 집착함으로써 당신 자신을 더 해칠 수 있습니다.

- "그 재물이 재난을 당할 때 없어지나니 비록 아들은 낳았으나 그 손에 아무것도 없느니라" 14절.

  많이 가질수록 잃는 것이 더 많아집니다.

- "그가 모태에서 벌거벗고 나왔은즉 그가 나온 대로 돌아가고 수고하여 얻은 것을 아무것도 자기 손에 가지고 가지 못하리니" 15절.

  많이 가질수록 더 많은 것을 두고 떠나게 됩니다.

세상에서 가장 부자였던 솔로몬은 유복함이 결코 만족을 줄 수 없다는 것을 알았습니다. 그것은 더 많은 헛된 망상을 좇게 할 뿐이었습니다. 사람들은 망상 앞에서 돈을 다 써 버리는 경향이 있습니다. 그래서 자기가 살 수 없는 것들이 자기들을 만족시킬 거라는 생각에 사로잡힙니다. 솔로몬의 돈은 결코 다함이 없었습니다. 그는 "무엇이든지 내 눈이 원하는 것을 내가 금하지 아니하며 무엇이든지 내 마음이 즐거워하는 것을 내가 막지 아니하였으니"전 2:10라고 했습니다.

그런 솔로몬의 결론은 무엇입니까?

"그 후에 내가 생각해 본즉 내 손으로 한 모든 일과 내가 수고한 모든 것이 다 헛되어 바람을 잡는 것이며 해 아래에서 무익한 것이로다"11절.

우리는 왜 계속 어리석은 짓을 하는 것일까요? 우리 마음이 세상의 보화를 갈망하기 때문입니다. 우리는 주변에서 보는 땅의 보화가 단순히 참된 보화의 그림자가 아니라 진짜 보화라고 생각하고자 하는 유혹을 받습니다.

그러나 땅의 보화가 하늘의 보화가 될 수 있습니다. 토저는 이렇게 말했습니다.

"돈은 천한 것이 될 수도 있지만, 영원한 보화로 변화될 수도 있습니다. 그것은 굶주린 자를 위한 음식, 가난한 자를 위한 옷으로 변할 수 있으며, 잃어버린 자들을 찾아 복음의 빛으로 인도하는 선교 사역을 활발하게 하여 그 자체가 천국의 가치로 변할 수도 있습니다. 일시적인 소유물이 영원한 부로 변화될 수 있습니다. 무엇이든 그리스도께 드리면 즉시 영원한 것으로 변합니다."[3]

부자병이 병이라면, 그 치료법은 무엇입니까? 물질주의가 독이라면, 해독제는 무엇입니까? 바울은 이렇게 대답합니다.

"네가 이 세대에서 부한 자들을 명하여 마음을 높이지

---

3) A. W. Tozer, "The Transmutation of Wealth," *Born After Midnight* (『거듭난 자의 생활』, 생명의말씀사 역간, Harrisburg, Penn.: Christian Publications, 1959), p. 107.

말고 정함이 없는 재물에 소망을 두지 말고 오직 우리에게 모든 것을 후히 주사 누리게 하시는 하나님께 두며 선을 행하고 선한 사업을 많이 하고 나누어 주기를 좋아하며 너그러운 자가 되게 하라 이것이 장래에 자기를 위하여 좋은 터를 쌓아 참된 생명을 취하는 것이니라"딤전 6:17-19.

바울이 어떻게 우리를 천국 보화의 원리로 돌아가게 하는지 주목하십시오. 헌금을 "장래에 자기를 위하여 좋은 터를 쌓는" 것이라고 말할 때, 틀림없이 그는 마태복음 6장에 있는 그리스도의 말씀을 생각했을 것입니다.

나는 지갑에 작은 카드를 가지고 다닙니다. 한쪽 면에는 "하나님이 모든 재물의 주인이시다. 나는 하나님의 투자 관리인일 뿐이다."라고 쓰여 있고, 그 밑에 세 가지 성경 구절이 적혀 있습니다. 다른 면에는 '하나님은 내가 천국에 보화를 쌓아 두기 위해 땅의 보화를 사용하기 원하신다.'라고 쓰여 있습니다. 그 밑에는 마태복음 6장에 나오는 그리스도의 말씀과 디모데전서 6장에 나오는 바울의 말씀이 적혀 있습니다. 그 카드를 현금 가까이 둠으로써 수시로 진리를 떠올립니다.

바울은 다른 사람에게 '너그럽고', '나눠 주기를 좋아하며', '선한 사업을 많이 하는' 것이 '참된 생명을 취하는 것'이라고 말합니다. 그것과 반대되는 것은 무엇입니까? 소위 말하는 물질주의적 '삶'입니다.

그것은 우리를 다섯 번째 천국 보화의 원리로 인도합니다.

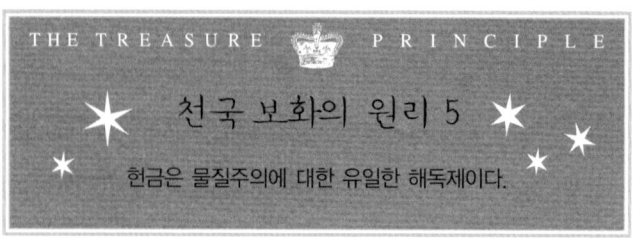

헌금의 행위는 모든 물질이 하나님의 것이요 우리의 것이 아님을 상기시켜 줍니다. 그것은 내가 중심이 아니라, 하나님이 중심임을 말해 줍니다. 나를 위해 하나님이 존재하시는 것이 아닙니다. 내가 하나님을 위해 존재하는 것입니다. 하나님의 돈은 나의 풍요함보다 더 고상한 목적을 가지고 있습니다. 헌금은 더 많은 사람과 더 큰 일을 위해 기꺼이 내어 주는 것입니다. 헌금은 그리스도의 주권을 확언하는 것입니다. 그것은 우리를 왕위에서 물러나게 하고 하나님을 높입니다. 그것은 우리를 노예로 삼으려 하는 맘몬의 사슬을 끊어 버립니다.

내가 어떤 것을 가지고 있는 한, 나는 그것이 내 것이라고 믿습니다. 그러나 그것을 내놓으면, 부와 함께 오는 지배력과 권세, 위신을 포기하는 것입니다. 그것을 포기하는 순간, 빛이 비칩니다. 그 순간 마법이 풀립니다. 내 마음은 깨끗해지며, 하나님이 주인이시고 나 자신은 종이며 다른 사람들은 하나님이 나에게 맡기신 것을 받기로 예정된 사람들임을 깨닫게 됩니다.

헌금은 나에게서 기득권을 빼앗아가지 않습니다. 그것은 나의 기득권을 땅에서 하늘로 옮길 뿐입니다. 즉 나 자신으로부터 하나님께로 옮기는 것입니다.

헌금만이 부자병을 치료할 수 있습니다. 오직 헌금만이 권리에 대한 욕심을 초월할 수 있습니다. 오직 헌금만이 돈과 소유물의 잡아당기는 힘으로부터 나를 자유하게 합니다. 헌금은 나를 새로운 중심, 곧 천국으로 인도합니다.

빈민가의 진흙 파이

라오디게아 교회의 부유함 밑에 숨겨진 영적 가난함을 드러낸 후에, 예수님은 그들에게 참된 보화가 무엇인지를 말씀해 주십니다. "내가 너를 권하노니 내게서 불로 연단한 금을 사서 부요하게 하고"계 3:18.

베드로는 예수님이 재림하실 때 세상이 "뜨거운 불에 풀어지고 땅과 그 중에 있는 모든 일이 드러나리로다"벧후 3:10라고 말합니다. 이 말이 우리를 우울하게 합니까? 결코 그래서는 안 됩니다. 만일 이 세상이 우리의 집이라면, 그 말씀은 우리를 우울하게 할 것입니다. 그러나 그렇지 않습니다! 만일 우리가 영원한 삶을 변화시키는 데 현재의 삶과 자원을 사용할 수 없다면, 그 말씀은 우리를 우울하게 할 것입니다. 그러나 우리는 할 수 있습니다!

루이스는 그것을 이렇게 표현합니다.

"우리는 무한한 기쁨이 주어졌는데도 술과 섹스와 야망으로 시간을 낭비하는 냉담한 피조물입니다. 마치 바닷가에서 휴가를 보내는 것이 어떤 것인지 상상할 수 없어, 빈민가에서 진흙 파이 만드는 일을 계속 하고 싶어하는 무지한 어린아이 같습니다. 우리는 너무 쉽게 기뻐합니다."[4]

많은 그리스도인들이 빈민가에서 진흙 파이를 만드는 것처럼, 만족을 주지 못하는 물질을 손에 넣는 생활에 안주합니다. 그러나 세상이 줄 수 있는 것보다 훨씬 더 좋은 것이 있습니다. 바로 영원한 보화와 참된 기쁨입니다!

당신은 이러한 보화와 기쁨을 원합니다. 그러나 아마도 당신은 헌금에 대해 사실 의문을 가지고 있거나, 아니면 어디서부터 시작해야 할지 확신하지 못하고 있을 것입니다.

---

[4] C. S. Lewis, *The Weight of Glory* (New York: Macmillan, 1949), pp. 3-4.

05

자, 시작!!!

나는 손 안에 많은 것을 쥐었고, 또 그 모든 것을 잃었다. 그러나 내가 하나님의 손에 맡긴 것은 모두 그대로 가지고 있다. _ 마르틴 루터

훌륭한 군인이자 정치가였던 샘 휴스턴이 그리스도께로 나아오자 모든 사람들이 놀랐습니다. 휴스턴은 세례를 받은 후에 월급의 반을 헌금하고 싶다고 말했습니다. 어떤 사람이 그 이유를 묻자, 이렇게 대답했습니다.

"내 지갑도 세례를 받았거든요."

샘 휴스턴의 경우처럼 당신은 그리스도인의 삶이 헌금과 분리될 수 없다는 것을 이해할 것입니다. 그러나 당신은 이렇게 물을 것입니다.

"어디서부터 시작해야 합니까?"

하나님은 구약의 자녀들에게 여기서부터 시작하게 하셨습니다.

"땅의 십분의 일 곧 그 땅의 곡식이나 나무의 열매는 그 십분의 일은 여호와의 것이니 여호와의 성물이라" 레 27:30.

십일조는 '10분의 1'을 의미합니다. 즉 10%는 하나님께 돌려드려야 했습니다. 10%는 의무였고, 그 외에 자발적으로 드리는 예물이 있었습니다.

잠언 3:9에서는 이렇게 말합니다. "네 재물과 네 소산물의 **처음 익은 열매**로 여호와를 공경하라." 하나님의 자녀들은 하나님께 마지막 열매가 아니라 첫 열매를 드립니다.

하나님의 자녀들이 마땅히 해야 할 만큼 헌금하지 않았을 때, 하나님은 이렇게 말씀하셨습니다.

"사람이 어찌 하나님의 것을 도둑질하겠느냐 그러나 너희는 나의 것을 도둑질하고도 말하기를 우리가 어떻게 주의 것을 도둑질하였나이까 하는도다 이는 곧 십일조와 봉헌물이라 너희 곧 온 나라가 나의 것을 도둑질하였으므로 너희가 저주를 받았느니라 만군의 여호와가 이르노라 너희의 온전한 십일조를 창고에 들여 나의 집에 양식이 있게 하고 그것으로 나를 시험하여 내가 하늘 문을 열고 너희에게 복을 쌓을 곳이 없도록 붓지 아니하나 보라"말 3:8-10.

예수님은 작은 것에도 의무적으로 십일조를 해야 함을 인정하셨습니다마 23:23. 그러나 복음서 이후로는 십일조에 대한 언급이 없습니다. 그것에 대한 명령도 없고, 또 그것이 폐지되었다는 말도 없습니다. 그래서 그리스도인들 사이에서는 십일조가 아직도 헌금의 시작점인가에 대해 열띤 토론이 벌어지고 있습니다.

나는 이 문제를 생각하면 착잡합니다. 나는 율법주의를 혐오합니다. 또한 분명히 폐지된 옛 언약의 제한을 그리스도인들에게 가함으로 새 포도주를 낡은 부대에 붓기를 원치 않습니다. 하지만 헌금에 대한 신약의 예들은 모두 십일조를 훨씬 능가합니다. 십분의 일에 미치지 못하는 것은 없습니다.

하나님께 우리의 첫 열매를 드리는 개념의 배후에는 시간을 초월하는 진리가 있습니다. 십일조가 여전히 그러한 첫 열매들의 최소량이든 아니든 간에, 나는 스스로 이렇게 물어 봅니다. 하나님은 그의 새 언약의 자녀들에게 그보다 더 적은 것을 원하실까 아니면 더 많은 것을 원하실까? 예수님은 영적인 수준을 높이셨지, 결코 낮추지 않으셨습니다 마 5:27-28.

보조 바퀴

아마도 당신은 '자발적인 헌금'에 대해서는 인정하지만, 십일조는 그리스도인에게 요구되는 최소한의 헌금이라고 가르쳤던 오리겐이나 제롬, 어거스틴 등의 교부들의 견해에는 동의하지 않을 것입니다. 그렇다면 이런 질문을 한번 던져 보십시오.

'하나님, 하나님은 진정 주님의 성령을 소유하고 있고, 인류 역사에서 가장 부유한 사회에 사는 저에게, 그 가난했던 이스라엘 백성들보다 더 적은 것을 기대하십니까?'

거의 모든 통계 자료에 의하면 미국의 그리스도인들은 평균 자기 수입의 2-3%를 헌금한다고 합니다. 다음은 한 조사 기관의 2001년 보고입니다.

거듭난 성인들 가운데 44%가 작년에 한번도 헌금하지

않았다고 합니다. 1999년에 비해 2000년에는 1인당 교회에 내는 기부금이 평균 19% 감소했습니다. 거듭난 성인들 중 1/3이 2000년에 십일조를 드렸다고 했으나, 그들의 실제 헌금 액수와 가계 수입을 비교해 볼 때 1/8정도밖에 되지 않는 것을 알 수 있습니다.[5]

이 부유한 사회에서 '자발적인 헌금'이 첫 언약의 때를 기준으로 볼 때 아주 작은 부분에 지나지 않는다는 것은 문제 아닙니까? 오늘날 우리가 헌금에 대해 무엇을 가르치든지, 그 메시지가 잘 전달되지 않는 것은 그것이 성경에 위배되거나 아니면 우리가 불순종하고 있기 때문입니다.

십일조는 우리를 헌금의 길로 인도하는 하나님의 역사적인 방법입니다. 그런 의미에서, 그것은 자발적인 헌금의 기쁨으로 들어가는 문의 역할을 할 수 있습니다. 십일조를 종착점으로 생각하는 것은 옳지 않습니다. 그것은 오히려 좋은 출발점이 될 수 있습니다. (첫 언약 아래서도 십일조는 종착점이 아니었습니다. 자발적으로 드리는 헌금이 있었음을 잊지 마십시오.)

---

5) Barna Research Update, June 5, 2001;www.barna.org.

십일조는 헌금의 상한선이 아니라 최저치입니다. 그것은 헌금의 결승선이 아닙니다. 단지 출발대에 불과한 것이지요. 십일조는 자발적인 헌금의 습관과 사고방식과 기술을 익히게 하는 자전거의 보조 바퀴 역할을 할 수 있습니다.

말라기는 이스라엘 백성들이 그들의 의무적인 십일조뿐만 아니라 자원하여 드리는 '헌물'을 드리지 않음으로써 하나님의 것을 도둑질했다고 말합니다. 하나님이 그들에게 기대하신 것보다 더 적게 냄으로써, 그들은 하나님의 것을 도둑질하고 있었습니다. 만일 그들이 헌물을 적게 드림으로 하나님의 것을 도둑질할 수 있었다면, 오늘날 우리 또한 그럴 수 있지 않겠습니까?

바울은 자원하여 드릴 것을 격려하면서도 또한 그러한 헌금을 '복종'이라고 묘사했습니다고후 9:13. 하나님은 우리가 자원하여 헌금을 드릴 때에도 우리에게 기대하시는 바가 있습니다. 하나님이 우리에게 기대하시는 것보다 더 적게 드리는 것은 하나님의 것을 도둑질하는 것입니다.

물론, 하나님은 우리 모두가 같은 액수를 헌금할 것을 기대하지 않으십니다. 주님이 우리에게 주신 복에 비례하여 드려야 합니다신 16:10, 16-17.

어떤 사람은 말합니다.

"우리는 점차 늘려가려 합니다. 그래서 우선 5%로 시작하고 있습니다."

그러나 그것은 이렇게 말하는 것과 같습니다.

"나는 1년에 6번 편의점을 털었습니다. 올해는 주님의 은혜로 3번만 털 것입니다."

중요한 것은 하나님의 것을 **조금 덜** 도둑질하는 것이 아니라, **전혀** 도둑질하지 않는 것입니다.

사실, 어떤 사람은 수입의 5%만 헌금해도 다른 사람의 10% 심지어 50%, 90%보다 더 많은 액수를 드릴 수 있습니다. 분명히 부자들은 10%를 드리면서 자동적으로 그들의 의무를 완수하는 것처럼 생각해서는 안 됩니다. 나머지 90% 또한 하나님의 것입니다. 하나님은 단지 우리가 드리는 것만 보시지 않습니다. 그분은 또한 우리가 가지고 있는 것도 보십니다.

나는 많은 기부자들과 인터뷰하는 특권을 가졌습니다.

대부분의 경우 그들은 처음으로 더 많이 헌금하도록 이끈 것이 십일조였다고 말합니다. 그들은 십일조를 드렸고, 그러고 나서 하나님이 공급해 주시는 것을 보았습니다. 그들은 자신들의 마음이 하나님 나라로 더 깊이 들어가는 것을 알았습니다. 몇 년이 지난 지금 그들은 소득의 60, 80, 심지어 95%까지 헌금하고 있습니다! 그들을 그 길로 이끈 것은 십일조였습니다.

하나님의 백성이 십일조와 기타 헌금을 드리지 않음으로 하나님의 것을 도둑질할 때, 하나님은 이렇게 말씀하십니다.

"너희의 온전한 십일조를 창고에 들여 나의 집에 양식이 있게 하고 그것으로 나를 시험하여 내가 하늘 문을 열고 너희에게 복을 쌓을 곳이 없도록 붓지 아니하나 보라"말 3:10.

많은 사람들이 헌금할 여유가 없는 것은 정확히 말해서 그들이 헌금을 하지 않기 때문입니다학 1:9-11. 만일 우리가 제일 먼저 하나님께 진 빚을 갚는다면, 하나님의 축복이 임하여 사람들에게 진 빚을 갚도록 도와주실 것입니다. 그러나 우리가 하나님의 것을 도둑질하여 사람들에게 주면, 하나님의 축복을 잃어버리는 것입니다. 말할 것도 없이 우리는 넉넉하지 못합니다. 그것은 악순환입니다. 거기서 빠져나오려면 순종하는 믿음이 있어야 합니다.

사람들이 십일조를 드릴 여유가 없다고 말하면, 나는 이렇게 묻습니다. "만일 당신의 소득이 10% 감소된다면 당신은 죽습니까?" 그들은 "아닙니다." 하고 말합니다.

그러면 나는 이렇게 말합니다. "그렇다면 당신은 십일조를 드릴 여유가 있다는 것을 인정하신 것입니다. 드리지 못하는 것은 단지 드리기를 원치 않기 때문입니다."

나는 헌금하는 것이 쉽다고 말하는 것이 아닙니다. 내가 말하려는 것은 하나님의 뜻 안에서 수입의 90%나 50% 혹은 10%로 살아가는 것이 하나님의 뜻 밖에서 100%로 살아가는 것보다 훨씬 쉽다는 것입니다. 많은 사람들이 이것에 동의할 것입니다.

십일조는 걸음마를 배우는 아기의 첫 걸음과 같습니다. 즉 그것은 마지막 걸음이나 최선의 걸음이 아니라, 좋은 시작일 뿐입니다. 일단 당신이 자전거 타는 것을 배우면,

더 이상 보조 바퀴는 필요가 없습니다. 일단 헌금하는 것을 배우면, 십일조와 상관없이 드릴 수 있습니다. 당신이 보조 바퀴를 사용하지 않고 자전거를 탈 수 있다면 당신에게 아주 잘된 일입니다.

"우리는 십일조의 의무 아래 있지 않습니다."라고 말하는 사람들에 대해서는 상관하지 않습니다. 단 그들이 적게 드리는 것을 정당화하기 위해 그런 말을 하지 않는 한 말입니다. 그러나 내 생각에 현재 그리스도인들의 헌금 통계는, 우리의 헌금 생활에 억지로라도 시동을 걸어야 할 필요가 있음을 말해 줍니다. 만일 당신이 헌금 생활을 잘하게 되는 데 십일조보다 더 좋은 방법을 발견한다면, 아주 좋습니다. 그러나 그렇지 않다면, 하나님께서 첫 언약의 자녀들과 함께 시작하신 데서 시작하는 것이 어떻겠습니까?

풍성한 헌금

바울은 "이 은혜에도 풍성하게 할지니라"고후 8:7고 말했습니다. 피아노 치는 것과 마찬가지로 헌금도 기술입니다.

연습하면 더 잘할 수 있습니다. 우리는 더 많이, 더 자주, 더 전략적으로 드리는 것을 배워야 합니다. 우리는 직업에 있어서 탁월함을 추구하라고 가르칩니다. 헌금에 대해서도 공부하고, 토론하고, 탁월하기 위해 노력해야 하지 않겠습니까?

마케도니아 신자들은 "힘대로 할 뿐 아니라 힘에 지나도록 자원하여"고후 8:3 드렸습니다. 힘에 지나도록 드린다는 것은 무슨 뜻입니까? 그것은 우리의 헌금이 숫자상으로 계산이 맞는 지점을 지나도록 드린다는 뜻입니다. 즉 그것은 결산표의 마지막 행이 우리가 드릴 수 없다고 말할 때 드리는 것입니다.

스코트 루이스가 한 수양회에 참석했는데, 거기서 빌 브라이트 목사는 사람들에게 지상 명령 성취를 돕기 위해 백만 달러를 헌금하라고 도전했습니다. 이것은 스코트에게는 어림도 없는 액수였습니다. 그것은 그가 상상할 수 있는 금액을 훨씬 초월하는 것이었습니다. 왜냐하면 그의 연간 사업 소득은 5만 달러 미만이었기 때문입니다.

빌은 "당신은 작년에 얼마를 헌금했습니까?" 하고 물었습니다. 스코트는 "1만 7천 달러를 헌금했습니다. 대략 우리 수입의 35% 정도 되지요." 하고 대답하며, 자신의 대답에 만족스러워했습니다.

그러자 빌은 눈 한번 깜박거리지 않고 이렇게 대답했습니다. "내년에는 5만 달러 헌금하는 것을 목표로 하는 것이 어떨까요?"

스코트는 빌이 자기 말을 이해하지 못했다고 생각했습니다. 5만 달러라면 그가 일년 내내 벌어도 모자라는 금액이었습니다! 그러나 스코트와 그의 아내는 빌의 도전을 받아들이고 하나님께 의탁하기로 결정했습니다. 그들은 하나님께 불가능한 일을 가능케 해주시기를 간구했습니다. 하나님은 놀라운 방법으로 채워 주셨습니다. 12월 31일에 루이스 부부는 기적적으로 5만 달러를 헌금할 수 있었습니다. 그 다음해에는 10만 달러 헌금하는 것을 목표로 삼았습니다. 또다시 하나님은 충분히 공급해 주셨습니다.

스코트는 2001년에 100만 달러 헌금 목표를 초과했다고 나에게 보고했습니다. 가장 좋은 부분은 그들이 멈추지 않는다는 것입니다. 이것이 바로 풍성한 헌금입니다.

지금? 아니면, 나중에?

사람들은 묻습니다.

"지금 드려야 할까요, 아니면 성공하기를 기다렸다가 1, 2년 후에 더 많이 드려야 할까요?"

나는 두 가지 질문으로 대답합니다.

"당신은 얼마나 빨리 하나님의 축복을 경험하기 원합니까?"

"당신은 틀림없이 돈이 하나님 나라로 가게 되기를 원합니까, 아니면 위험을 기꺼이 감수하겠습니까?"

우리가 하나님 앞에 설 때, 하나님께서 "너는 주식시장이 최고점에 달하기 전에 모든 돈을 나에게 주어서 돈을 날려 버렸구나."라고 말씀하실 거라고 생각하지 않습니다.

나는 언제든지 지금 드리는 것이 잘못이라고 생각하지 않습니다. 하나님께서는 지금 우리가 하늘나라에 투자할 때 금융 시장이나 부동산에 투자하는 것보다 훨씬 더 많은 이익, 여러 배를마 19:2 받게 하실 수 있습니다.

만일 우리가 지금 당장 드리지 않는다면, 다음과 같은 실제적인 위험을 무릅쓰는 것입니다.

- 경제는 변화하여 우리는 드릴 것이 더 없어질지도 모릅니다. 하나님은 우리가 당장 내일 무슨 일이 일어날지 모른다고 말씀하십니다약 4:13-17. 수많은 투자자들이 밤새 사라져 버릴 돈을 가지고 큰 이익을 얻을 것이라고 '절대적으로 확신'했습니다.
- 우리 마음이 변하여 결국 작정했던 헌금을 드리지 않게 될지도 모릅니다.
- 삭개오는 "(지금 당장) 내 소유의 절반을 가난한 자들에게 주겠사오며"라고 말했습니다. 만일 당신이 자꾸 미룬다면, 오늘 드리도록 자극하는 그 마음이 나중에는 드리지 말라고 당신을 설득할지도 모릅니다. 왜 그렇습니까? 헌금하는 것을 미룸으로써 당신의 마음은 땅에 대한 관심이 늘어나고 하늘나라에 대한 관심이 줄어들기 때문입니다.
- 우리가 의도한 것을 얻기 전에 우리의 생이 끝나 버릴지도 모릅니다.

당신은 이렇게 생각할지도 모릅니다.

'문제없어. 나는 내 뜻대로 내 교회와 사역을 움직이고 있는걸.'

어쨌든 당신은 자신의 재산을 계획하여 하나님 나라를 위해 풍성하게 드려야 합니다. 그러나 당신이 죽은 다음에 그 돈을 내어 준다면 무슨 의미가 있겠습니까? 그때는 어떤 선택도 할 수 없습니다!

죽음은 헌금하기에 가장 좋은 기회가 아닙니다. 죽음은 헌금할 기회가 끝나는 것입니다. 하나님은 우리가 살아 있는 동안에 행한 믿음의 행위에 대해 상을 주십니다.

우리는 또한 우리가 후원하는 조직의 현재 가치에 대해서도 조사해 보아야 합니다. 나는 재무 상담가인 론 블루의 말에 동의합니다.

"살아 있는 동안 헌금하십시오. 그래야 그 돈이 어디로 가고 있는지 알 수 있습니다."

존 웨슬리는 이렇게 말했습니다.

"돈은 결코 나와 함께 머물지 않습니다. 만약 돈이 나와 함께 머문다면, 그것은 나를 태워 버릴 것입니다. 나는 가능한 한 빨리 내 손에서 그것을 던져 버립니다. 그것이 내 마음속으로 들어오는 길을 찾지 못하도록 말입니다."

웨슬리는 평생 동안 상당한 액수의 인세를 받았습니다. 그러나 그의 목적은 죽을 때 아무것도 남기지 않도록 후히 베푸는 것이었습니다. 결국 그는 목적을 달성했습니다. '남부 동맹'의 통화가 아직 가치 있을 때 그것을 하늘나라의 보화로 바꾼 것입니다.

주님이 다시 오실 때, 은행 계좌와 노후 대책과 부동산과 재단 기금 등에 들어가 있는 돈들은 다 어떻게 되겠습니까? 그것은 나무와 풀과 짚처럼 타 버릴 것입니다. 그러나 그 돈들을 진작에 금, 은, 보석으로 바꿀 수도 있었습니다. 가난한 사람들을 먹이고 지상 명령을 성취하는 데 사용될 수 있었던 돈이 연기처럼 사라져 버리고 마는 것입니다.

당신은 자기가 가진 카드를 제일 먼저 없애 버리는 사람이 이기는 게임을 해본 적이 있습니까? 게임이 끝날 때면 남아 있는 모든 카드가 당신에게 불리하게 작용합니다. 물질적 번영과 성공의 꿈은 말하자면 당신의 손에 최대한 많은 카드를 들고 죽는 것입니다. 우리의 전략은 존 웨슬리의 전략과 같아야 합니다—우리의 생이 끝날 때 카드를 하나도 가지고 있지 않아야 합니다.

자녀에게 남길 유산

사람들은 이렇게 묻습니다.

"그럼, 우리 아이들은 어떡하죠? 모든 재산을 물려주어야 하지 않나요?"

그렇지 않습니다. 낸시와 나는 두 딸에게 적당히 도움이 될 만큼만 남겨 줄 것입니다. 그러니까 그들의 생활 양식이 바뀌거나 그들이 계획하고 기도하고 남편을 의지하지 않아도 될 만큼 재산을 물려주지는 않을 것입니다. 우리는 이것을 딸들에게 이야기했고, 그들도 우리의 재산 대부분을 하나님 나라에 드리는 계획에 대해 이해하고 동의했습니다.

자녀들에게 많은 재산을 물려주는 것은 하나님 나라에 투자할 기회를 잃어버리는 것만이 아닙니다. 그것은 또한 자녀들에게도 유익하지 못합니다.

나는 몇 년 동안 상속을 둘러싼 수많은 끔찍한 이야기들을 들었습니다. 상당한 유산을 상속받은 사람들의 삶을 조사해 보면, 대부분의 경우에 그것이 그들을 더 불행하고 탐욕스럽고 냉소적으로 만들었다는 것을 알게 됩니다. 그렇게 많은 돈이 있는데 무엇 때문에 열심히 일하겠습니까? 돈은 탐닉을 포함하여 여러 가지 새로운 유혹들을 낳습니다. 부주의하게 돈을 쓰는 사람에게 돈을 주는 것은 불에 휘발유를 붓는 것입니다. 또한 많은 유산만큼 신속하게 형제자매 사이를 갈라놓는 것도 없습니다. 하나님 나라에 많이 드리고 경제적으로 독립한 자녀들에게 조금만 남겨 주는 것은 하나님에 대한 사랑의 행위일 뿐 아니라 자녀들에 대한 사랑의 행위이기도 합니다.

구약 시대에 유산을 물려주는 것은 중요한 일이었습니다. 왜냐하면 자녀들이 토지를 사지 못하고, 결국 노예가 될 수도 있었으며, 또한 자기 부모를 돌보지 못할 수도 있었기 때문입니다. 그러나 오늘날 유산은 경제적으로 독립하고 이미 필요한 것 이상을 가지고 있는 사람들에게 뜻밖의 소득이 되는 경우가 많습니다.

앤드류 카네기는 이렇게 말했습니다.

"자녀에게 엄청난 유산을 물려주는 것은 엄청난 저주를 초래하는 것입니다. 누구든지 아들에게 막대한 재산과 같은 짐을 지움으로써 그에게 불이익을 초래할 권리가 없습니다."

당신의 자녀들은 주님을 사랑하고, 열심히 일하고, 하나님을 의지하는 기쁨을 경험해야 합니다. 자녀들에게 물질을 물려주는 것보다 영적인 유산을 물려주는 것이 더 중요합니다. 만일 자녀들에게 필요 이상의 돈을 남겨 주어도 그들이 올바른 사고 방식을 가지고 있다면, 그 돈을 어떻게든 하나님께 드리지 않겠습니까? 그렇다면 왜 하나님께서 당신에게 맡기신 돈을 당신이 직접 하나님께 드리지 않는 것입니까?

당신의 장성한 자녀들에게 얼마나 많이 물려줄지는 하나님의 결정에 맡기십시오. 일단 그들이 독립을 했으면, 당신이 하나님의 공급하심으로 얻은 돈은 자녀들의 것이 아닙니다. 그것은 하나님의 것입니다. 만일 **당신의** 재산 관리인이 죽었는데 당신의 돈을 모두 그의 자녀들에게 물려주었다면, 어떤 생각이 들겠습니까?

하나님 왜 제게?

예수님은 말씀하십니다.

"주라 그리하면 너희에게 줄 것이니 곧 후히 되어 누르고 흔들어 넘치도록 하여 너희에게 안겨 주리라 너희가 헤아리는 그 헤아림으로 너희도 헤아림을 도로 받을 것이니라" 눅 6:38.

더 많이 줄수록 더 많이 돌아옵니다. 하나님은 우주에서 가장 후히 주시는 분이요, 당신이 하나님보다 더 많이 드리도록 내버려두지 않으실 것이기 때문입니다. 계속해서 시도해 보십시오. 그리고 무슨 일이 일어나는지 보십시오.

르투르노는 땅을 고르는 기계를 발명했습니다. 그는 자기 수입의 90%를 거기에 투자했습니다. 그러나 돈을 투자하는 속도보다 돈이 들어오는 속도가 더 빨랐습니다. 르투르노는 이렇게 고백했습니다.

"나는 삽으로 퍼내고 하나님은 삽으로 다시 퍼 담으십니다. 그러나 하나님이 훨씬 더 큰 삽을 가지셨습니다!"

건강과 부의 복음은 그리스도의 이름을 더럽힙니다. 왜냐하면 중국인보다 미국인에게 더 사실인 복음은 참된 복음이 아니기 때문입니다. 번영의 이론은 불완전한 진리를 근거로 세워진 것입니다. 하나님은 종종 헌금하는 자들을 물질적으로 번영하게 해주십니다. 그러나 하나님은 우리가 그분을, 절대 돈을 잃지 않는 슬롯머신이나 우리의 명령을 행하는 존재처럼 여기는 것을 허락하지 않으십니다. 헌금은 희생입니다. 그리고 때때로 우리는 그런 희생을 느낄 것입니다. 하나님의 보상은 매우 실제적이지만, 그것은 '적절한 때'에 이루어집니다. 그때는 오늘이나 내일이 될 수도 있지만 영원 세계가 될 수도 있는 것입니다갈 6:9.

하나님은 당신에게 상당한 물질의 축복을 해주셨습니다. 당신은 이렇게 질문해 본 적이 있습니까?

왜 하나님이 이렇게 많이 주셨을까?

전혀 이상하게 여길 필요가 없습니다. 바울은 하나님이 우리에게 필요 이상으로 많은 돈을 공급해 주시는 이유를 정확하게 말해 줍니다.

"심는 자에게 씨와 먹을 양식을 주시는 이가 너희 심을 것을 주사 풍성하게 하시고 너희 의의 열매를 더하게 하시리니 너희가 모든 일에 넉넉하여……" 고후 9:10-11.

모든 일에 넉넉한 것은 **무엇을** 위한 것입니까? 그는 이 문장을 어떻게 끝낼까요? 번영의 이론은 이 문장을 이렇게 마무리지을 것입니다. "부유하게 삶으로써 하나님이 그분을 사랑하는 자들을 얼마나 많이 축복하시는가를 세상에 나타내려 함이라."

그러나 바울은 그렇게 말하지 않습니다.

"너희가 모든 일에 넉넉하여 너그럽게 연보를 함은 그들이 우리로 말미암아 하나님께 감사하게 하는 것이라" 11절.

바울은 여섯 번째이자 마지막 천국 보화의 원리를 이야기하고 있습니다.

> THE TREASURE　　PRINCIPLE
>
> ## 천국 보화의 원리 6
>
> 하나님께서 나를 번영케 하시는 것은
> 내 생활 수준을 끌어올리기 위해서가 아니라
> 헌금의 수준을 끌어올리기 위해서이다.

하나님은 필요 이상으로 많은 돈을 주시는 이유를 분명하게 말씀해 주십니다. 그것은 우리가 돈을 더 많이 소비하는 길을 발견하도록 하기 위함이 아닙니다. 그것은 자신의 욕망에 탐닉하고 자녀들을 망치도록 하기 위한 것도 아닙니다. 또한 더 이상 하나님의 공급을 필요치 않도록 하기 위한 것도 아닙니다.

그것은 우리로 후히 **베풀게** 하기 위한 것입니다.

하나님이 우리에게 더 많은 돈을 주실 때 우리는 흔히 '**이것은 축복이야.**'라고 생각합니다. 물론 그렇습니다. 그러나 '**이것은 시험이야.**'라고 생각하는 것이 성경적으로 올바른 것입니다.

재산 관리인에게는 정당한 필요가 있습니다. 그리고 주

인은 너그러우신 분입니다. 그분은 자신의 청지기들에게 가난하게 살라고 하지 않으십니다. 그리고 자신을 위해 적당한 소비를 하는 것을 싫어하지 않으십니다.

그러나 우리가 큰 저택에서 호화롭게 살며, 최고급 차만 굴리고, 비행기 일등석만 타는 모습을 주인이 본다고 생각해 보십시오. 또한 비싼 옷, 비싼 가전 제품만 사고, 최고급 레스토랑에서만 식사하는 모습을 본다고 가정해 보십시오. 그의 청지기로서 우리는 합리적인 소비를 하고 있는 것입니까? 주인이 불러 우리의 소유가 아닌 돈을 낭비한 것에 대해 책임을 묻지 않겠습니까?

우리는 하나님의 종으로 부르심을 받았으며, 우리에게 요구되는 것은 '충성'입니다고전 4:2. 우리는 하나님의 심부름꾼이며 배달부일 뿐입니다. 우리의 봉급을 정할 때 이것을 꼭 기억해야 합니다. 우리 자신의 가치를 과대평가하지 않도록 합시다. 우리는 가게를 소유한 것이 아닙니다. 다만 거기서 일할 뿐입니다!

당신에게 어떤 중요한 물건이 있는데 그것을 필요로 하는 누군가에게 주려고 한다고 가정해 봅시다. 당신은 그것을 포장하여 택배 회사 직원에게 건네줍니다. 그런데 그 사람이 소포를 전해주지 않고 자기 집으로 가져간다면 어떻겠습니까? 아마 이렇게 말하겠지요. "그 소포는 당신 것이 아닙니다. 당신은 단지 중간에서 전달해 주는 사람일 뿐입니다. 당신이 할 일은 이 물건을 내가 원하는 사람에게 가져다주는 것입니다."

하나님이 우리 손에 하나님의 돈을 주셨다고 해서, 그 돈을 우리 손에 그대로 두라고 하신 것은 아닙니다!

그것이 바로 바울이 고린도 교인들에게 예루살렘의 가난한 자들에게 베풀라고 권면하면서 말한 것입니다.

"이제 너희의 넉넉한 것으로 그들의 부족한 것을 보충함은 후에 그들의 넉넉한 것으로 너희의 부족한 것을 보충하여 균등하게 하려 함이라 기록된 것같이 많이 거둔 자도 남지 아니하였고 적게 거둔 자도 모자라지 아니하였느니라" 고후 8:14-15.

왜 하나님께서는 어떤 자녀들에게는 필요한 것보다 많

이 주시고 또 어떤 자녀들에게는 필요한 것보다 적게 주실까요? 그것은 서로서로 돕게 하시려는 것입니다. 하나님은 우리가 너무 적게 가지거나 너무 많이 가지는 것을 원치 않으십니다잠 30:8-9. 너무 많이 가진 사람들이 너무 적게 가진 사람들에게 나누어 줄 때, 두 가지 문제가 해결됩니다. 그러나 그렇지 않을 때, 두 가지 문제는 지속됩니다.

하나님이 부를 불공평하게 나누어 주시는 것은, 어떤 자녀들을 다른 자녀들보다 더 사랑하시기 때문이 아닙니다. 그 자녀들이 하나님을 대신하여 형제자매들에게 나누어 주도록 하시기 위한 것입니다.

바울은 씨 뿌리는 자에게 씨를 공급해 주시는 하나님께서 점점 더 많이 주실 거라고 했습니다. 왜 그렇습니까? 우리가 씨를 비축해 놓거나 그것을 먹을 수 있게 하시기 위함입니까? 아닙니다. 그 씨를 여기저기 널리 뿌려서 열매를 맺게 하시기 위함입니다. 하나님께서 풍성히 주시는 것은 우리로 사치스럽게 살게 하려 함이 아닙니다. 하나님이 우리에게 주시는 것은 다른 사람들을 돕게 하려는 것입니다. 하나님이 나에게 이 돈을 맡기시는 것은 세상에 나의 왕국을 짓기 위해서가 아니라, 하늘나라에 하나님의 왕국을 짓기 위해서입니다.

당신은 그리스도를 필요로 하는 세상의 밭에 하나님의 돈을 뿌리기 원합니까? 영원히 가치 있는 일에 헌금한다는 생각을 하면 흥분됩니까? 하늘에 보물을 쌓아 둔다는 생각을 하면 가슴이 두근거립니까?

만일 우리가 이 세상 밖에서 주어지는 보상을 이해한다면, 마케도니아인들이 하는 일에 동참하며 헌금하는 특권을 간구할 것입니다.

하나님의 인세

앞에서 이야기한 840만 달러가 걸린 소송을 기억하십니까? 최근에 10년에 걸친 재판이 끝났습니다. 우리 선교회 임원은 이렇게 말했습니다.

"랜디, 이젠 더 이상 최저 임금을 받을 필요가 없습니다. 인세도 다시 받을 수 있습니다."

낸시와 나는 그 문제에 대해 함께 이야기하며 기도했습

니다. 우리는 더 높은 생활 수준이 필요하지 않다는 결론을 내렸습니다. 우리는 더 좋은 집이나 차가 필요하지 않습니다. 더 좋은 노후 대책이나 더 많은 보험이 필요하지 않습니다. 그래서 기쁜 마음으로 "고맙습니다만 사양하겠습니다."라고 말했습니다. (나중에 낙태 병원의 재판 기간이 10년 더 연장된 사실을 알았습니다. 그러나 우리가 그 결정을 내릴 때 그것을 알지 못했다는 사실에 감사했습니다.)

인세는 우리의 것이 아니라 하나님의 것입니다. 낸시와 나는 생계를 이어갈 수 있을 만큼 돈이 있습니다. 그것으로 충분합니다. 나머지는 하나님 나라를 위해 드립니다. 우리에게는 100만 달러나 10만 달러가 필요하지 않습니다. 우리는 훨씬 적은 돈으로도 잘 살아갈 수 있습니다. 하나님은 우리에게 성실하게 공급해 주십니다. 그리고 우리는 삶의 가장 큰 스릴 중 하나를 경험하게 됩니다. 바로 헌금하는 기쁨입니다.

바로 이 때를 위하여

우리의 마지막 날을 준비하는 것이 매일의 일과가 되어야 한다. _ 매튜 헨리

알프레드 노벨은 신문을 떨어뜨리며 두 손으로 머리를 감쌌습니다.

1888년의 일입니다. 노벨은 스웨덴의 화학자로서, 다이너마이트를 발명하고 생산하여 큰 부자가 되었습니다. 그의 형 루드비그는 프랑스에서 사망했습니다.

그런데 지금 알프레드는 당황스러운 일로 인해 슬픔이 더 커졌습니다. 그는 방금 프랑스 신문에서 한 사망 기사를 읽었습니다. 그런데 그것은 형의 사망 기사가 아니라 그의 것이었습니다! 편집자가 두 형제를 혼동한 것입니다.

표제는 '죽음의 상인이 죽다.'였습니다. 알프레드 노벨의 사망 기사는, 사람들이 서로 죽이도록 도움으로써 부자가 된 한 사람을 묘사하고 있었습니다.

자신의 인생에 대한 이러한 평가에 충격을 받은 노벨은 자신의 유산을 바꾸는 데 재산을 쓰기로 결심했습니다. 8년 뒤에 그가 죽었을 때, 900만 달러 이상을 인류를 이롭게 하는 일을 한 사람들에게 상금으로 수여했습니다. 그 상금은 노벨상으로 알려지게 되었습니다.

알프레드 노벨에게는 기회가 별로 없었습니다. 그는 그의 생애 마지막에 자신의 생에 대한 평가를 보았고, 그것이 삶을 변화시키는 계기가 된 것입니다. 노벨은 자신의 생이 끝나기 전에 분명히 자기 재산을 영원한 가치가 있는 일에 투자했습니다.

죽은 지 5분 후

'쉰들러 리스트'라는 영화의 끝부분에 보면, 가슴 찡한 장면이 있습니다. 나치주의자들로부터 많은 유대인들의 생명을 산 오스카 쉰들러가 자신의 차와 금으로 된 핀을 보며, 더 많은 생명을 구하기 위해 자신의 돈과 재산을 더 많이 내어놓지 않은 것을 후회하는 장면입니다. 쉰들러는 자신에게 주어진 기회를 다른 사람들보다 훨씬 더 잘 사용했습니다. 그러나 마지막에 그는 다시 돌아간다면 더 나은 선택을 할 것이라고 후회합니다.

믿지 않는 자들에게는 그들의 삶을 돌이킬 두 번째 기회가 없습니다. 바로 지금 그리스도를 선택해야 합니다. 그러나 그리스도인들 또한 인생을 다시 살 두 번째 기회가 없습니다. 바로 지금 가난한 자들을 돕고 하나님 나라에 투자하는 일을 더 많이 해야 합니다. 우리에게 주어진 기회는 짧습니다. 바로 이 땅에서 사는 시간뿐입니다. 이 때 우리는 참으로 중요한 일에 우리의 자원을 사용해야 하는 것입니다.

존 웨슬리는 이렇게 말했습니다.

"나는 모든 사물을 판단할 때 그것들이 영원 세계에서 어떤 가치가 있을까를 따집니다."

선교사 스터드는 이렇게 말했습니다.

"인생은 곧 지나갑니다. 오직 그리스도를 위해 한 일만이 영원히 지속됩니다."

우리가 죽은 지 5분 후에는, 우리가 어떻게 살았어야 하는지 정확하게 알게 될 것입니다. 그러나 하나님은 우리에게 말씀을 주셨습니다. 그래서 우리는 그것을 깨닫기 위해 죽을 때까지 기다릴 필요가 없습니다. 그리고 하나님은 우리에게 그분의 영을 주심으로 지금 그렇게 살 수 있는 능력을 부여해 주십니다.

스스로 이렇게 질문해 보십시오.

'내가 죽은 지 5분 후에, 아직 기회가 있을 때 무엇을 더 나누어 주었으면 좋았을 거라고 생각할까?'

그 대답을 찾아냈다면, 지금 그것을 나누어 주지 않겠습니까? 우리가 그때 주었으면 좋았을 거라고 생각할 것과 실제로 지금 나누어 주고 있는 것 사이의 간격을 없애는 일에 남은 생을 쏟아 붓지 않겠습니까?

노벨은 이 세상에서 그의 유산을 변화시키려고 노력했습니다. 우리는 앞으로 올 세상에서 우리의 유산을 변화시킬, 훨씬 더 중요한 기회를 가지고 있습니다.

당신이 이 세상을 떠날 때, 가지고 갈 수도 없는 보화를 세상에 쌓아 둔 자로 알려지기 원합니까? 아니면 결코 잃어버리지 않을 보화를 하늘에 투자한 사람으로 인식되기 원합니까?

알프레드 노벨의 입장이 되어 생각해 보십시오. 종이 한 장과 펜을 가지고 앉으십시오. 그것에 대해 생각해 보기 바랍니다. 그리고 자신에 대한 사망 기사를 직접 적어 보십시오. 당신이 어떤 일로 기억될지 목록을 작성해 보십시오.

다했다면, 이제 당신의 사망 기사를 읽어보기 바랍니다. 기분이 어떻습니까?

자, 이번에는 하늘나라의 관점에서, 관찰력이 뛰어난 천사가 기록했다고 생각하고 다시 한번 적어 보십시오. 하나님이 당신의 인생에 만족하실 거라고 생각합니까?

어쩌면 당신은 그리스도 중심의 삶을 살고 있고, 후회가 별로 없을지도 모릅니다. 또 매일 하늘나라에 보화를 쌓아 두고 있는지도 모릅니다.

그러나 그렇지 않을 수도 있습니다. 만약 당신이 나와 같다면, 자신의 인생에 대한 하늘나라의 기록이 청중이신 하나님을 더 기쁘게 해드리지 못하는 것을 안타깝게 여길 것입니다. 당신은 스스로 기록한 것에 의해 실망할지도 모릅니다. 만일 그렇더라도 희망을 잃지 마십시오. 좋은 소식이 있습니다. 바로 당신은 아직 여기에 있다는 것입니다! 노벨처럼 당신에게는 아직 기회가 있습니다. 하나님이 주시는 능력으로 당신의 삶을 편집할 수 있고, 그로 인해 당신이 원하는 방향으로 자신의 사망 기사를 바꿀 수 있습니다.

구제의 은사

로마서 12장에서 바울은 7가지 신령한 은사를 나열합니다. 거기에는 예언, 섬기는 일, 가르치는 일, 긍휼을 베푸는 일, 구제하는 일 등이 포함됩니다. 나는 이 모든 은사들 중에서 구제하는 일이 서구 교회에서 가장 경시되고 있다고 확신합니다.

물론 우리 모두는 특별한 은사가 없더라도 섬기고, 긍휼을 베풀고, 구제하는 일을 해야 합니다. 그러나 역사의 각

시대마다 하나님께서 주권적으로 어떤 은사들을 더 광범위하게 나누어 주셨다고 믿습니다(이를테면 파괴적인 전염병이 돌 때는 긍휼을 베푸는 은사를 더 많이 주시는 것입니다).

지금 하나님께서는 세계를 복음화하려는 계획을 성취하고, 고통당하는 수많은 사람들을 돕기 원하신다고 가정해 보십시오. 하나님께서 어떤 은사를 많이 나누어 주시겠습니까? 아마도 구제의 은사가 아닐까요? 또한 하나님께서 그 은사를 주신 사람들에게 무엇을 주실 거라고 생각합니까? 아마도 그 모든 사람들의 필요를 채우고 하나님 나라를 진전시키도록 전례 없는 부를 주시지 않을까요?

주위를 둘러보십시오. 바로 그것이 하나님이 하신 일이 아닙니까? 그런데 하나님께서 잃어버린 자들에게 다가가고 고통당하는 자들을 도우라고 맡기신 재산으로 우리는 무엇을 하고 있습니까?

우리는 자주 가르침의 은사를 봅니다. 또 그것이 어떤 모습으로 나타나는지 알고 있습니다. 또 우리는 기적적인 치유와 회복된 결혼 생활 등, 헌금을 제외한 거의 모든 것에 대한 간증을 듣습니다. 우리는 기도의 전사들과 성경을 공부하는 사람들을 알고 있으나, 자신의 수입의 대부분을 하나님께 드리는 사람들의 이야기는 좀처럼 들어보지 못합니다.

그리스도인들이 서로 다음과 같은 곤란한 질문들을 하는 것이 점점 일반적인 일이 되어 가고 있습니다.

'당신의 결혼 생활은 어떻습니까? 말씀을 읽는 데 시간을 보냈습니까? 성적 순결의 문제에 대해 어떻게 하고 있습니까? 당신의 믿음을 나누었습니까?'

그러나 우리는 얼마나 자주 다음과 같은 질문을 합니까?

'**당신은 주님께 얼마나 많이 드리고 있습니까? 당신은 하나님의 것을 훔친 적이 있습니까? 당신은 물질주의와의 싸움에서 승리하고 있습니까?**'

헌금의 문제에 이르면, 교회는 '묻지 말고, 이야기하지 말라.'는 정책에 따라 움직입니다. 우리는 대화와 책임과 모델링이 부족합니다. 마치 암암리에 '당신이 원하지 않는다면 나도 그것에 대해 이야기하지 않겠다. 그러면 우리는 계속 지금처럼 지낼 수 있다.'라는 데 동의한 듯합니다.

그 문제에 대해 생각해 보십시오. 교회에서 어린 그리스도인들이 어떻게 헌금하는 것을 배우겠습니까? 어디 가서 그리스도에게 사로잡힌 신자의 헌금 생활의 본보기를 볼 수 있겠습니까? 그러면서 그가 다른 본보기를 찾을 수 없어 할 수 없이 물질 중심주의 사회에서 본보기를 얻는 것을 보고 왜 놀랍니까?

우리는 "서로 돌아보아 사랑과 선행을 격려해야" 합니다히 10:24. 우리는 또한 어떻게 서로 헌금을 격려할 수 있는지 물어야 하지 않겠습니까?

어떤 사람은 이렇게 이의를 제기할지도 모릅니다.

"하지만 우리는 서로 헌금하는 액수를 비교하는 걸 원치 않습니다."

바울은 고린도 교인들에게 마케도니아인들의 헌금에 대해 말하면서, 그들을 동기 부여하기 위해 양자를 비교하고 있다고 말합니다고후 8:7-8. 딕시 프랠리는 나에게 자신의 몇몇 친구들에 대해 이야기했습니다.

"그들은 헌금하는 방법에 대해 좋은 본보기를 보여 주고 있어요. 매년 우리는 서로 더 많이 헌금하려고 노력한답니다!"

왜 그렇게 하면 안 됩니까? 그것이 서로에게 동기를 부여하지 않겠습니까? 우리는 서로 헌금의 잣대를 높여 주어 더 높이 뛰어넘는 법을 익힐 수 있도록 도와줄 필요가 있지 않겠습니까?

성경은 남에게 보이기 위해 헌금을 드리지 말라고 말합니다마 6:1. 물론 우리는 자랑하지 않도록 조심해야 합니다. 그러나 예수님은 또한 "너희 빛이 사람 앞에 비치게 하여 그들로 너희 착한 행실을 보고 하늘에 계신 너희 아버지께 영광을 돌리게 하라"마 5:16고 말씀하셨습니다. 성경의 가르침을 잘못 해석함으로써 우리는 헌금을 말 아래 숨겨둔 것입니다. 그 결과 우리는 그리스도인들에게 헌금하는 것을 가르치지 않고 있습니다. 그 때문에 그들에게는 기쁨과 목적이 없습니다.

우리 선교회에 속한 한 목사가 수단에서 돌아왔을 때, 그 지역에서 노예 상태로 있는 그리스도인들에 대해 교인들에게 이야기했습니다. 자발적으로 몇몇 가정들이 그 해에 크리스마스 선물을 생략하고 대신 노예를 해방시키는 일에 헌금하겠다고 결단했습니다. 주일학교 4학년 학급에서도 이 목적을 위해 수많은 돈을 모금했습니다. 한 6학년 여학생은 농구팀에 들어가기 위해 모아 둔 50달러를 가지고 와서 수단의 그리스도인을 돕기 위해 헌금했습니다.

어떤 가족은 디즈니랜드에 가기 위해 몇 백 달러를 모아 두었습니다. 그런데 아이들이 노예들을 돕는 데 그 돈을 드려도 되느냐고 물었습니다. 얼마 되지 않아, 사람들은 노예들을 구하기 위해 6만 달러를 드렸습니다.

우리는 결코 헌금을 내라고 말하지 않았습니다. 그런데도 그것은 전염병처럼 퍼져 갔습니다. 사람들은 서로 자신들이 헌금한 이야기를 했습니다. 그리고 그렇게 했을 때, 그것은 그리스도의 몸을 감동시키고 격려하여 더 많이 헌금하게 했습니다. 그때가 교회가 가장 좋았던 때입니다. 그리고 하나님께서 어떻게 그들을 헌금하도록 인도하셨는가를 나누는 일이 교회 생활의 중요한 부분이 되었습니다.

다윗 왕은 자기가 성전을 짓기 위해 얼마나 많은 돈을 드렸는지 백성들에게 정확하게 이야기했습니다. 지도자들이 드린 구체적인 금과 보석의 양도 공공연하게 알렸습니다. "……백성들은 자원하여 드렸으므로 기뻐하였으니 곧 그들이 성심으로 여호와께 자원하여 드렸으므로……"대상 29:6-9. 백성들은 그들의 지도자들이 헌금한 것을 알았기 때문에 기뻐할 수 있었습니다. 그들은 지도자들이 얼마나 많이 냈는가를 알았기 때문에 그들의 본을 따라 헌금할 수 있었습니다. 만일 우리가 겸손하게 서로서로 헌금하는 이야기를 나누는 법을 배우지 않는다면, 우리 교회는 헌금하는 법을 배우지 못할 것입니다.

우리는 적은 수입으로 겨우 살아가면서 목요일마다 금식하여 그 돈을 가난한 자들에게 나누어 주는 교회의 과부에 대해 알아야 합니다. 만약 허드슨 테일러, 조지 뮬러, 에이미 카마이클, 르투르노 등의 이야기를 듣지 못했다면 나의 영적 생활에 이루 말할 수 없는 손실이 있었을 것입니다. 그들은 내가 아니라 하나님을 기쁘시게 하기 위해 살았습니다. 그러나 하나님께서 그들 안에서 행하신 일이 나에게 영감을 주어 하나님이 내 안에서 더 많은 일을 행하시도록 한다는 것을 알았습니다.

이것이 운명!

당신이 이 글을 읽고 있는 것은 어쩌면 당신의 삶을 변화시키기 위한 하나님의 계획의 일부일지도 모릅니다. 그것은 또한 역사와 영원 세계를 변화시키기 위한 것입니다.

모르드개가 에스더에게 한 말을 기억하십니까?

"이 때에 네가 만일 잠잠하여 말이 없으면 유다인은 다른 데로 말미암아 놓임과 구원을 얻으려니와 너와 네 아버지 집은 멸망하리라 네가 왕후의 자리를 얻은 것이 이 때를 위함이 아닌지 누가 알겠느냐"에 4:14.

에스더가 특권을 가진 입장에 있었던 것같이, 이 책을 읽고 있는 대부분의 사람들도 마찬가지입니다. 당신은 교육을 받았고 글을 읽고 쓸 수 있습니까? 당신은 음식과 옷, 집, 차, 전자 제품들을 가지고 있습니까? 그렇다면 당신은 특권을 가진 사람들, 즉 세상에서 부유한 자들에 속합니다.

왜 하나님께서 당신에게 그런 부의 특권을 맡기셨을까요? 바로 이 때를 위함입니다. 하나님께서 주권적으로 당신을 일으키셨습니다. 나는 우리 가족이 가진 자원들과 주님께서 거듭 베풀어주시는 헌금의 기회들을 생각할 때, 우리가 오리건주의 작은 귀퉁이보다 훨씬 더 큰 어떤 것의 일부라는 것을 느끼지 않을 수 없습니다.

한 사역자는 핵심적인 기증자 그룹을 역사적 소수라고 부릅니다. 이러한 칭호가 과장되었다고 느껴집니까? 나는 그렇게 생각하지 않습니다. 하나님의 큰 목적을 위해 헌금하는 것은 우리에게 어떤 운명을 느끼게 합니다. 당신이 역사의 이 시점에, 이 곳에 살고 있는 것은 우연이 아닙니다. 하나님이 왜 당신에게 그토록 많은 것을 맡기셨는지 다시 한번 생각해 보십시오.

"너희의 넉넉한 것으로 그들의 부족한 것을 보충함은……너희가 모든 일에 넉넉하여 너그럽게 연보를 함은……" 고후 8:14, 9:11.

그것이 당신의 운명입니까? 하나님은 당신에게 더 후하게 드리는 자가 되라고 명령하십니까? 천국 보화의 원리가 주는 자유하게 하는 기쁨을 다른 사람들과 나누라고 하십니까?

당신은 기도의 전사들에 대해 들어왔을 것입니다. 그런

데 헌금의 전사들은 어떻습니까? 하나님은 우리에게 그토록 많은 것을 맡기셨습니다. 어쩌면 하나님은 헌금하는 자들의 큰 군대를 일으키고 계시며, 우리를 그 속에 포함시키고 계신지도 모릅니다.

오늘날 많은 사람들이 야베스의 기도를 드리고 있습니다.

"주께서 내게 복을 주시려거든 나의 지역을 넓히시고" 대상 4:10.

당신은 헌금에 대한 기도를 드리지 않겠습니까? 당신이 생계를 유지할 수 있는 금액을 정하고, 하나님께서 그 이상으로 공급해 주시는 것은 모두 하나님께 돌려 드리겠다고 말씀 드리지 않겠습니까?

우리는 이 나라의 번영이 얼마나 지속될지 알 수 없습니다. 우리가 할 수 있는 동안 풍성한 재물을 나누어 주는 것이 어떻습니까? 우리 마음이 우리의 주택 개조 계획이나 사업적 모험이나 멋진 휴가, 또는 노후 대책보다 하나님 나라의 일에 더 가까워질 때까지 헌금합시다.

하나님께 우리가 신랑 되시는 주님께서 이미 하늘에 우리의 멋진 집을 짓고 계심을 깨닫고 이 땅에서 멋진 집 짓는 일을 포기하기 원하시는지 물어 봅시다. 그렇게 함으로써 우리는 연기 속으로 사라지지 않고 영원히 지속될 것을 짓는 데 하나님의 기금을 사용할 수 있습니다.

하나님의 인도!

"하나님은 우리가 얼마만큼 자원하여 드리기를 원하실까요?"

오직 하나님만이 이 질문에 대답해 주실 수 있습니다. 이는 곧 우리가 하나님께 그것을 물어야 함을 의미합니다. 하나님은 자원하여 드리는 예물의 액수나 비율을 정해 놓지 않으셨습니다. 우리는 그것에 대해 기도하며 하나님이 약속하신 인도를 구해야 합니다약 1:5. 우리가 할 일은 귀 기울여 듣고 순종하는 것입니다.

헌금은 성경을 믿고 그리스도 중심인 당신의 교회, 당신에게 책임이 있는 그 영적 공동체에서부터 시작해야 합니다갈 6:6; 고전 9:9-12. 그 외에 당신은 가치 있는 선교 사업이나 선교 단체 사역자들을 성경의 기준으로 주의 깊게 검토

하여 후원할 수 있습니다.[6]

사람들은 이렇게 묻습니다.

"세상기관에도 후원을 해야 합니까?"

선한 일을 하는 인도적인 사회 단체가 복음 전파나 교회를 세우는 일이나 그리스도의 이름으로 가난한 자들을 돕는 일만큼 하나님의 마음에 가까운가를 묻는 것이 옳습니다. 많은 사람들이, 더 이상 교리적 신조를 믿지 않고 현재 많은 학생들을 잘못된 길로 인도하고 있는 소위 기독교 대학들을 후원합니다. 우리가 후원할 수 있는 경건한 선교회들과 학교들이 많은데, 왜 하나님의 뜻에 적극적으로 반대하는 기관들에 하나님의 돈을 기부합니까? 좋은 세상단체들이 기독교 단체들과 동일한 일을 하더라도, 영원한 관점에서 보아야 합니다. 우리는 기도와 성경의 기준, 하나님의 성령의 초자연적인 역사가 그 특징인 기관을 후원해야 하지 않겠습니까?

천국 보화의 원리를 다른 사람과 나누는 방법을 왜 하나

---

6) Randy Alcorn, "Nineteen Questions to Ask before You Give to Any Ministry," Eternal Perspective Ministries, www.epm.org/givquest.html.

님께 묻지 않습니까? 아마도 당신은 무디와 빌리 그레이엄을 그리스도께로 인도한 사람들과 같이 될 것입니다. 다시 말해 당신은 다른 사람들이 당신보다 더 많이 헌금하도록 영향을 미치게 될 것입니다.

이 책을 다른 사람에게 전해 주는 문제를 생각해 봅시다. 당신의 배우자나 친구들과 같이 앉아서 이 주제를 놓고 기도하십시오. 성경 공부나 토론 모임에서 이 책을 사용할 수도 있습니다. 당신이 이야기하고 함께 공부하고 기도하며 영향력을 끼칠 수 있는 사람들, 당신이 가르치거나 가르침을 받을 수 있는 사람들을 하나님께서 알려주시기를 구하십시오.

헌금 서약

여기 당신이 천국 보화의 원리에서 벗어나지 않도록 도움을 줄 여섯 단계의 계획이 있습니다. 그것은 당신과 하나님 사이의 헌금에 관한 서약입니다. 이 글을 읽고, 당신의 배우자나 친구들과 이야기하고, 또 그것에 대해 기도할 것을 권합니다.

만일 하나님께서 당신을 헌금에 대한 새로운 언약으로 인도하신다고 느낀다면, 이 책 마지막에 있는 서약에 서명하기를 권합니다.

1. 하나님께서 나에 대한 모든 소유권을 가지고 계시며고전 6:19-20, 나에게 모든 것을 맡기셨음을 믿습니다시 24:1. 내 돈과 소유물은 사실 하나님의 것임을 인정합니다. 나는 하나님의 재산 관리인이며, 그분의 심부름꾼입니다. 하나님께 그분의 돈으로 무엇을 하기 원하시는지 물어볼 것입니다.

2. 내가 받은 모든 봉급과 선물의 첫 열매―적어도 10%―를 거룩하고 전적으로 하나님께 속한 것으로 따로 떼어놓겠습니다말 3:6-12. 나는 믿음으로 이 점에서 주님을 시험해 보라는 주님의 도전을 받아들입니다.

3. 하나님께서 내게 맡기신 남은 보물들은 아낌없이 후하게 나누어 주도록 하겠습니다. 하나님께서 나에게 재물을 맡기신 것이 "모든 일에 넉넉하여 너그럽게 연보를 하게" 함이라는 것을 인정합니다고후 9:11. 내가 십일

조뿐만 아니라 무엇이든지 하나님이 내게 요구하시는 예물을 드리지 않음으로 하나님의 것을 도둑질할 수 있다는 것을 깨닫고, 하나님께 그분의 뜻을 분명히 알려 달라고 간구하겠습니다.

4. 하나님께서 나에게 가난한 자들을 돕는 것과 잃어버린 자들에게 다가가는 것을 포함하여 그분의 목적을 이루기 위해 희생적으로 드리는 것을 가르쳐 주시도록 간구하겠습니다. 나는 하나님의 돈에 얽매이지 않고, 성령께서 헌금할 것을 촉구하실 때 자유롭게 따를 수 있도록 빚을 지지 않기로 맹세합니다.

5. 땅의 보물을 가지고 갈 수 없다는 것을 인정하고, 그것을 그리스도의 영광과 다른 사람과 나 자신의 영원한 유익을 위하여 하늘의 보화로 쌓아 두기로 결심합니다. 땅이 아니라 하늘이 내 집이며 그리스도가 나의 주인임을 확신하고, 정기적으로 하나님 앞에서 그분의 재산을 점검받으며, 그 돈으로 무엇을 하고 어디에 주어야 할지 하나님의 인도를 구하기로 맹세합니다. 나는 이런 질문부터 시작할 것입니다. "주님은 내어놓기 원하시는데 내가 내어놓지 못하는 것이 무엇인가?"

6. 하나님께서 나에게 가족과 친구들, 교회, 영향을 미칠 수 있는 그 밖의 사람들을 주셨음을 인정하고, 내가 천국 보화의 원리를 그들과 나눌 수 있도록 하나님의 도움을 구합니다. 그래서 그들도 현재의 가장 큰 기쁨과 미래의 상급을 경험하게 되기를 기도합니다.

가장 큰 기쁨

복음서에는 나타나지 않았으나 사도행전에 기록되어 있는 예수님의 말씀이 있습니다. 아마도 하나님께서 그것을 나중에 첨가하여 눈에 띄게 하신 것 같습니다.

> "주 예수께서 친히 말씀하신 바 주는 것이 받는 것보다 복이 있다 하심을 기억하여야 할지니라" 행 20:35.

우리는 '우리의 것을 취하는 것'에 여념이 없습니다. 그래서 진정한 축복과 기쁨을 주는 일, 즉 하나님의 것을 하나님께 드리는 일을 놓치고 있습니다. 헌금은 우리가 지음

받은 목적을 행하는 것입니다. 즉 하나님을 사랑하고 이웃을 사랑하는 일 말입니다마 22:36-40. 헌금은 그리스도의 주 되심을 담대하게 확언하는 것입니다. 그것은 기쁨으로 인도하는 복된 행위입니다.

이 기쁨의 생생한 예를 찰스 디킨스의 고전 『크리스마스 캐럴』에서 발견할 수 있습니다. 그 이야기는 부유하지만 가련한 스크루지의 이야기로 시작됩니다. 그는 늘 빈정대고 불평하며 무서울 정도로 욕심이 많았습니다. 그러나 크리스마스 날 세 영을 만난 후로 그는 인생에서 두 번째 기회를 얻게 됩니다.

나는 최근에 이 이야기를 다시 읽으며, 변화된 스크루지에 대한 묘사에 감동을 받았습니다.

"그는 교회에 갔고, 거리를 돌아다니며 바쁘게 왔다갔다 하는 사람들을 보았습니다. 아이들의 머리를 쓰다듬어 주며, 거지들에게 관심을 가지며, 집들의 부엌을 내려다보고 창문들을 올려다보았습니다. 그리고 모든 것이 그에게 기쁨을 줄 수 있다는 것을 알았습니다. 그는 어디를 가나 모든 것이 그를 그토록 행복하게 해줄 수 있다는 것을 꿈에도 생각해 본 적이 없었습니다."[7]

변화된 스크루지는 런던 거리를 돌아다니며 자기 재산을 가난한 사람들에게 아낌없이 나누어 줍니다. 그는 기쁨에 겨워 어쩔 줄 모릅니다. 어제 자선 행위를 비웃던 그가 오늘은 나누어 주는 데서 가장 큰 기쁨을 얻고 있는 것입니다.

그 이야기의 마지막 페이지에서 디킨스는 스크루지에 대해 이렇게 말합니다.

"어떤 사람들은 그 사람 안에서 일어난 변화를 보고 비웃었습니다. 그러나 그는 사람들이 비웃도록 내버려두었습니다. 조금도 신경 쓰지 않았습니다. ……그의 마음이 웃고 있었고, 그것으로 충분했습니다. 그리고 사람들은 항상 그에 대해서 말할 때 크리스마스를 잘 지키는 법을 안 사람

---

[7] Charles Dickens, *A Christmas Carol* (Philadelphia, Penn.: The John C. Winston Company, 1939), p. 128.

이라고 했습니다."[8]

스크루지의 변화의 원천은 무엇이었습니까? 바로 영원한 안목을 가지게 된 것이었습니다. 초자연적인 중재로 인해 스크루지는 자신의 과거와 현재 그리고 아직 변할 수 있는 미래를 영원의 눈으로 보게 되었습니다. 그와 같은 통찰력으로 우리의 삶을 볼 수 있게 해달라고 하나님께 기도합시다.

스크루지는 그의 영혼을 망가뜨리던 물질주의의 독을 제거하고 생명을 주는 해독제를 발견했기 때문에 그토록 기뻐하며 런던 거리를 뛰어다닌 것입니다. 스크루지는 천국 보화의 원리를 배웠습니다. 그것이 바로 기쁨으로 드리는 비결입니다.

당신도 이런 기쁨을 누리고 싶습니까? 당신의 재산을 땅에서 하늘로 옮길 것을 권합니다. 또한 겸손하고 너그럽게, 자주 하나님의 일에 헌금할 것을 권합니다. 헌금하는 일에

---

[8] Ibid., p. 131.

탁월하여 하나님을 기쁘시게 하고, 다른 사람들을 섬기며, 하늘나라의 보화를 누리게 되기를 바랍니다.

다음과 같은 그리스도의 권유를 기꺼이 받아들이기를 촉구합니다.

"주라 그리하면 너희에게 줄 것이니" 눅 6:38.

그리고 하나님이 당신에게 더 많이 주실 때는, 그 이유를 기억하기 바랍니다. 그것은 당신이 모든 일에 넉넉하여 너그럽게 나누어 주게 하기 위함입니다.

나는 당신의 보물을 하늘나라로 보낼 것을 권합니다. 그곳에서 그 보물들이 안전하게 당신을 기다리고 있을 것입니다. 그렇게 할 때, 당신은 자유를 느끼고, 기쁨을 경험하며, 하나님의 미소를 느낄 것입니다.

헌금할 때, 바로 하나님의 기쁨을 느끼게 되는 것입니다.

THE TREASURE PRINCIPLE

나의 헌금 서약

1. 하나님께서 나에 대한 모든 소유권을 가지고 계시며 나에게 모든 것을 맡기셨음을 믿습니다.

2. 내가 받은 모든 봉급과 선물의 첫 열매-적어도 10%-를 거룩하고 전적으로 하나님께 속한 것으로 따로 떼어놓겠습니다.

3. 하나님께서 내게 맡기신 남은 보물들은 아낌없이 후하게 나누어 주도록 하겠습니다.

4. 하나님께서 나에게 가난한 자들을 돕는 것과 잃어버린 자들에게 다가가는 것을 포함하여 그분의 목적을 이루기 위해 희생적으로 드리는 것을 가르쳐 주시도록 간구하겠습니다.

5. 땅의 보물을 가지고 갈 수 없다는 것을 인정하고, 그것을 그리스도의 영광과 다른 사람과 나 자신의 영원한 유익을 위하여 하늘의 보화로 쌓아 두기로 결심합니다.

6. 다른 사람들에게 천국 보화의 원리를 전해 주어 현재의 기쁨과 미래의 상급으로 인도할 수 있게 해주시기를 기도하겠습니다.

서명 : _____

증인 : _____

날짜 : _____

THE
TREASURE
PRINCIPLE

사명선언문

너희가 흠이 없고 순전하여……세상에서 그들 가운데 빛들로
나타내며 생명의 말씀을 밝혀 _ 빌 2:15-16

1. 생명을 담겠습니다
만드는 책에 주님 주신 생명을 담겠습니다.
그 책으로 복음을 선포하겠습니다.

2. 말씀을 밝히겠습니다
생명의 근본은 말씀입니다.
말씀을 밝혀 성도와 교회의 성장을 돕겠습니다.

3. 빛이 되겠습니다
시대와 영혼의 어두움을 밝혀 주님 앞으로 이끄는
빛이 되는 책을 만들겠습니다.

4. 순전히 행하겠습니다
책을 만들고 전하는 일과 경영하는 일에 부끄러움이 없는
정직함으로 행하겠습니다.

5. 끝까지 전파하겠습니다
모든 사람에게, 땅 끝까지, 주님 오시는 그날까지
복음을 전하는 사명을 다하겠습니다.

서점 안내

광화문점 서울시 종로구 새문안로 69 구세군회관 1층
02)737-2288 / 02)737-4623(F)

강남점 서울시 서초구 신반포로 177 반포쇼핑타운 3동 2층
02)595-1211 / 02)595-3549(F)

구로점 서울시 동작구 시흥대로 602, 3층 302호
02)858-8744 / 02)838-0653(F)

노원점 서울시 노원구 동일로 1366 삼봉빌딩 지하 1층
02)938-7979 / 02)3391-6169(F)

일산점 경기도 고양시 일산서구 중앙로 1391 레이크타운 지하 1층
031)916-8787 / 031)916-8788(F)

의정부점 경기도 의정부시 청사로47번길 12 성산타워 3층
031)845-0600 / 031)852-6930(F)

인터넷서점 www.lifebook.co.kr